| 中国当代研学丛书 |

文化

两汉长者研究

匡长用 | 著

图书在版编目（CIP）数据

两汉长者研究 / 匡长用著. —北京：中央编译
出版社，2020.3
ISBN 978-7-5117-3807-3

Ⅰ. ①两…
Ⅱ. ①匡…
Ⅲ. ①社会阶层—研究—中国—汉代
Ⅳ. ① D691.71

中国版本图书馆 CIP 数据核字（2019）第 294008 号

两汉长者研究

出 版 人：	葛海彦
责任编辑：	杜永明
责任印制：	刘　慧
出版发行：	中央编译出版社
地　　址：	北京西城区车公庄大街乙 5 号鸿儒大厦 B 座（100044）
电　　话：	（010）52612345（总编室）　　（010）52612339（编辑室）
	（010）52612316（发行部）　　（010）52612346（馆配部）
传　　真：	（010）66515838
经　　销：	全国新华书店
印　　刷：	三河市华东印刷有限公司
开　　本：	710 毫米 ×1000 毫米　1/16
字　　数：	149 千字
印　　张：	14.25
版　　次：	2020 年 3 月第 1 版
印　　次：	2020 年 3 月第 1 次印刷
定　　价：	78.00 元

网　　址：www.cctphome.com　　邮　　箱：cctp@cctphome.com
新浪微博：@中央编译出版社　　微　　信：中央编译出版社（ID: cctphome）
淘宝店铺：中央编译出版社直销店（http://shop108367160.taobao.com）（010）55626985

本社常年法律顾问：北京市吴栾赵阎律师事务所律师　闫军　梁勤
凡有印装质量问题，本社负责调换，电话：（010）55626985

目录

绪 论 ·········· 1
   （一）相关学术史回顾　1
   （二）长者界定　4

一、两汉长者的条件 ·········· 16
   （一）权威条件　16
   （二）道德条件　33
   （三）年龄条件　48

二、长者指称及其社会性分析 ·········· 51
   （一）长者指称频率变化及其反映的长者群体地位兴衰　51
   （二）长者指称的社会性分析　52

三、长者对两汉政治的影响 ·· 64

  （一）长者与两汉政治　64

  （二）长者在乡里社会的活动与影响　106

结　语 ·· 121

附　表 ·· 122

  第一部分　长者指称词语使用频率统计表　122

  第二部分　长者人物统计表　127

  第三部分　长者出身与任职统计表　132

前四史词语"长者"段句摘录集 ································ 137

  《史记》长者摘录集　137

  《汉书》长者摘录集　169

  《后汉书》长者摘录集　190

  《三国志》长者摘录集　212

参考文献 ··· 218

绪 论

（一）相关学术史回顾

"长者"是活跃于两汉社会的一支重要社会势力，在当时的社会政治、经济与文化生活中产生了重要的影响。他们的活动在两汉政治史、思想史与社会史中都占有极其重要的地位。不过，就已有的研究成果来看，由于学术界对长者群体缺乏应有的关注，相关研究成果较少。

最早对汉代长者进行研究的是柳诒徵先生，他作《长者言》一文，着重从文化史角度分析了长者的特点及历史作用，但并没有具体阐述长者与两汉社会的关系。①

---

① 转引自李迎春的硕士毕业论文《汉初长者政治研究——对汉初政治指导思想的另一种思考》（2006 年），第 6 页。

侯海英的论文《〈史记〉中的长者与其在汉初的地位》①认为，"长者"一词产生于战国时期，基本含义为年长者、位尊者、有德者。长者是从敬语逐步引申为道德评价词的。《史记》中"长者"一词使用颇为频繁，大都集中使用于汉初人物身上。长者对汉王朝的政治运作、国家政治经济政策、官吏的选拔等方面产生了深远的影响。论文论证清晰，论点明确，但主要的历史考察范围集中于西汉初期，对东汉的长者没有考察。

李迎春的硕士毕业论文《汉初长者政治研究——对汉初政治指导思想的另一种思考》②以汉初政坛上的长者与长者政治作为主要的考察对象，通过对汉初政治的实践者——长者的研究，认为汉初政治实质上是种以"尊君权、重法治、尚宽厚、崇谨敬、不妄为"为核心内容的长者政治。并注意汉初长者政治与汉初政治实践、思想文化等方面的联系，在清楚表达作者对汉初政治思想问题的理解的同时，能呈现一个汉初长者政治的较完整的面貌。这篇论文在长者研究中具有重要意义，它概括了汉初长者政治的核心内容以及与汉初政治思想的关联。不过论文从时空上局限于"汉初"，从内容上局限于汉初政治与其精神实质（论文作者不愿表述为政治指导思想及相关学术流派），也未关注长者在民间乡间社会的作用与影响。其所指的长者政治，其"政治"很大意义上是指中央政治（国家权力）而非社会基层政治（基层权

---

① 侯海英：《〈史记〉中的长者与其在汉初的地位》，载《陕西师范大学学报》（哲学社会科学版），1999年第1期，第86—89页。
② 论文来源于万方数据资源系统的学位论文全文库。

力)。而事实上，长者作为个体可以是官僚、农民、士人等，他的社会身份几乎覆盖各个社会层级，从中央到地方都有他们活动的身影，影响涉及政治、经济、文化等社会生活的各个方面。

唐国军的论文《〈新语〉与汉初丞相长者政治模式的理论设置》[①] 论述了汉初长者政治的理论基础，并对《新语》与汉初长者政治的关系进行了分析论证。

社会组织与社会群体研究是学界研究的新趋势之一。长者在中国的社会舞台上曾发挥着重要的作用，尤其在两汉时期更是如此。研究长者，有利于我们更深层次地认识两汉时期的政治史、经济史、思想与文化史、社会史。或者说为我们了解与研究政治史、经济史、思想与文化史、社会史提供了另一个视角。

两汉政治与文化研究已经取得了长足进展。然而，关于两汉长者的研究则起步较晚，近年也很少引起研究人员的关注，导致相关论文比较少，研究专著更少，本书希望对两汉长者研究能有所帮助，更进一步在两汉时空范围的跨度内，适当前后扩展，结合政治史、社会生活史、政治思想史的研究，以两汉长者为研究对象，对长者称呼的发展史、长者的内涵与外延、长者的认定条件、长者对两汉时期的政治与社会影响、当时社会各阶层社会势力的相互关系等进行探讨，以期再现长者的政治与社会生活风貌，品味长者们的从政理念与家国情怀，从而对我们起到警示与

---

① 唐国军：《〈新语〉与汉初丞相长者政治模式的理论设置》，载《广西社会科学》，2009年第9期，第105—107页。此篇是作者"汉初长者政治与《新语》的长者圣贤模式研究"系列论文之二，还有三篇，分别见《广西社会科学》2009年第8期、第9期、第11期，一并列为参考。

借鉴作用。

（二）长者界定

1. 长者词源考察

侯海英在《〈史记〉中的长者与其在汉初的地位》对"长者"词语与词源有着详尽的论述。① 现对其论文有关长者词语与词源的研究成果简要概述之。长者，起初源于"形容词＋者"为造词特征的一类构词方法，用以表示人物具有某种突出特征。此类构词用法在先秦典籍中已有大量出现，如《论语·子罕》曰："知者不惑，仁者不忧，勇者不惧。"不过，此类词语大都属于临时性搭配，并没有固定下来，在秦以后也很少使用。然后，既是如此，在《论语》中也没有出现"长者"词语的用例。从现有文献资料考证，"长者"一词出现于战国时代，此时文献中开始出现"长者"词语的用例。《孟子》有几处"长者"用例，时代为最早，试举一例，《孟子·告子下》曰："徐行后长者，谓之弟。"

侯文指出，"形容词＋者"的构词在先秦出现很多，后来很多已不再使用，而"长者"一词得以固定下来并沿用至今是有多方面的原因的。首先是"长者"一词在汉初成为当时最高人物评

---

① 侯海英：《〈史记〉中的长者与其在汉初的地位》，载《陕西师范大学学报》（哲学社会科学版），1999 年第 1 期，第 86—89 页。

价词。其次是《史记》中大量使用"长者"。《史记》在中国语言学史上占据极其重要的地位，许多汉语词汇的固定均源于《史记》。"长者"一词同样不例外。并从如下三方面分析说明，第一，《史记》抄录先秦典籍原文，使"长者"一词得以保存。第二，《史记》承袭了先秦"长者"一词的含义，用作对人物的敬称。《史记·伍子胥列传》记载："（伍子胥）仰天叹曰：'……然今若听谀臣言以杀长者。'"第三，《史记》中"长者"一词的大量使用，一方面反映司马迁有意用"长者"作为秦汉人物的最高评价词；另一方面，是对汉代长者在社会中占据重要地位的真实反映。同时侯海英一文通过简略分析指出，"长者"一词具有三个基本含义，即年长者，位尊者，有德者。

2. 长者的基本释义

长者的含义主要有三种，一是指年长者，二是显贵者，三是指有德行者。

《辞海》对长者的含义解释为：

①年纪大，辈分高的人。《孟子·告子下》："徐行后长者谓之弟（悌）"。

②指显贵者。《史记·陈丞相世家》："（陈平）家乃负郭穷巷，以弊席为门，然门外多有长者车辙。"

③有德行者。多指性情谨厚的人。《史记·项羽本纪》：

"陈婴者，故东阳史，居县中，素信谨，称为长者。"①

起初长者并不全部拥有以上三种含义，其含义演变有一个历史过程。最初指的是具有年长特征的一类人，即第一种含义，其后随着历史的发展，才慢慢引申出第二种，而第三种含义是在前两种含义的基础上发展明确起来。长者最开始是对年长者的指称，是对长者自然身份的尊称。这与人类社会发展的历史步伐相一致。其一，年长人群是晚辈的生育者或前辈，理应受到尊重。其二，人类的发展是经由原始社会发展而来，在没有文字的初期，人类积累的生产经验和生活经验只能依靠口头的形式一代代相传。在这种情况下，年长的人员势必较年轻的人掌握更丰富的生产经验与生活经验，年轻人要获得生存的生活经验与生产技能，最初只能来自年长人群手把手的教导。在这种生活情况下，年长群体历史地成为部落、宗族、村落、家庭生存或生活的权威，受到尊重。

长者最初的含义是由齿位决定的。"三老"与"长老"这两个具有齿位意义的尊称名词，是长者发展演变的最初形式，具有宗族与社会意义，并没有政治意义。换句话说，与国家政治权力是没有关系的，体现的是长者的平民化特征。所谓三老是古代掌教化的人员。县以下是乡、里等基层行政机构，乡有三老——有秩、啬夫、游徼。乡里三老掌管教化，由民间有名望的人担任，

---

① 辞海编辑委员会：《辞海》，上海辞书出版社1979年版，第157页。

不算官吏。有秩、啬夫管司法和赋税征收，游徼管治安。战国魏有三老，秦置乡三老，汉增置县三老，东汉以后又有郡三老，并间置国三老。《礼记·礼运》："故宗祝在庙，三公在朝，三老在学。"《史记·陈涉世家》："三老豪杰皆曰：'将军身被坚执锐，伐无道，诛暴秦，复立楚国之社稷，功宜为王。'"《汉书·高帝纪》上："举民年五十以上，有脩行，能帅众为善，置以为三老，乡一人。择乡三老一人为县三老，与县令丞尉以事相教。"《后汉书·循吏传·王景》："父闳为郡三老。"

但人类社会的发展经历漫长的刀耕火种的传统的农业社会，在传统农业社会中，年纪大的人掌握较多生产经验与生存技巧，是人们学习的榜样或师傅，是道德与智慧的化身，较容易受到社会的尊重。所以给长者赋予了新的引申义，即是对有较高道德修养的人的敬称。《礼记》中就有有关虞、夏、商、西周时期尊老、养老的记载，虽然可能只是理想的制度设计，但"认识到老人在社会中的特殊地位和作用，从而尊老、敬老，再以某种特定的形式（仪式、制度等）表达对老人的特殊尊崇的做法应该是很早就有了"[①]。

西周以前，缺乏长者参与社会治理——哪怕是最基层社会治理的记载。民间自然产生的长者权威并没有得到统治集团的认可。发展到春秋战国时期，情况有所改变。"至春秋战国时期，社会变动加剧，地缘与血缘成为构成社会组织的最重要因素。宗族乡邑中类似长老的人物自然而然地成为一族一地之领袖，盖因

---

① 王雪岩：《汉代"三老"的两种制度系统——从先秦秦汉的社会变迁谈起》，载《中国社会经济史研究》，2009年第2期，第17—24页。

古者敬老尊贤，朝廷莫如爵，乡党莫如齿。"① 地方长老慢慢发展为一定社会区域的精神和地方领袖，拥有一定的地方话语权。统治集团开始注意这一点，在地方治理中开始把地方长老纳入管理者的选用与咨询顾问范畴。这从《史记》有关西门豹治邺的故事中可以得到反映。第一，西门豹治理地方，咨询地方长老。"豹往到邺，会长老，问之民所疾苦。"第二，地方三老是地方势力，可以与地方治理者结合，盘剥百姓。"邺三老、廷掾常岁赋敛百姓，收取其钱得数百万，用其二三十万为河伯娶妇，与祝巫共分其余钱持归。"② 所以我们可以这么认为，三老、长老是属于长者群体，是长者发展的最初表现形式。

随着社会生产力的提高，人类社会向前发展，长者又引申成为对显贵者的尊称。长者在社会发展初期，由于其掌握人类生产技能与生活经验，处于受人尊敬的地位。作为个体，他们是部落、宗族、家庭的意见权威与权力代表，社会地位自然高于一般人，其超群者，上升为绝对权威与事实领袖。如族长、部落首领最初的担任者，都来自长辈。随着私有制的产生与父家长制的发展，"家族的父家长渐渐掌握了氏族、部落和部落联盟的公共管理机构，因而具有了政治性。根据传说资料，中国历史是以父家长攫取到社会的公共权力机关而进入文明时代的。"③ 掌握了公共

---

① 王雪岩：《汉代"三老"的两种制度系统——从先秦秦汉的社会变迁谈起》，载《中国社会经济史研究》，2009年第2期，第17—24页。
② 《史记》卷百二十六《滑稽列传》之《西门豹传》。
③ 施治生、徐建新主编：《古代国家的等级制度》，中国社会科学出版社2003年版，第4页。

权力的族群家长，其身份与地位则明显与一般人员拉开了距离，发展到夏启，更开创了"家天下"的时代，以天下为私有。长者一词便有了它的引申义"显贵者"，具有社会身份的意义。因此，伴随社会的发展，长者由最初的对人自然身份如年长者等的敬称，发展到对拥有一定社会身份的人的敬称。

长者作为由家长、族长、部落首领组成的群体，不仅是族群长辈，也是族群知识文化的传授者，即师长，作为长辈，他们有慈爱的一面，而作为师长，他们是后辈学习、生活、为人的榜样。这些都包含道德的因素。而族长、部落首长或联盟首长更需要德高望重者才能担任，才能服众。如尧、舜、禹的部落首领"禅让制"，他们之所以被选择成为部落首领的继任者，很大一部分是因为德行超群。传说禹为治水"三过家门而不入"，心忧部落族群的安危，发誓为民众解除水患，最终治水成功。

> 舜年二十以孝闻。三十而帝尧问可用者，四岳咸荐虞舜，曰可。
> 唯禹之功为大，披九山，通九泽，决九河，定九州岛，各以其职来贡，不失厥宜。……舜乃豫荐禹于天。①

这些传说，虽不能为信史，但却是当时社会生活的反映。如大禹这类长者担任首领，是族群部落推举产生，是族群部落德行

---

① 《史记》卷一《五帝本纪》。

修养的楷模。长者一词的引申义"有德行者"越来越得到认可。

3. 长者偏重指有德行者

长者虽有上述三种含义，但长者一词多指有德行的人。换句话说，即使是具有相当的社会地位，或者是年长者，如果没有较高的德行素养，也很难被公众认同为长者。在两汉时期更是如此。有例证可以说明。

第一个例证，钟离眜骂韩信，说韩信不是长者。韩信是谁，先介绍一下：韩信，淮阴（今江苏淮安）人，西汉开国功臣，中国历史上杰出的军事家，为汉朝的天下立下赫赫功劳，"汉初三杰"之一。曾先后为齐王、楚王，后贬为淮阴侯。韩信是中国军事思想"谋战"派代表人物，留下许多光辉战例，如"明修栈道，暗渡陈仓""背水一战"等，"王侯将相"，被后人奉为"兵仙""战神"，韩信一人全任。也因其军事才能引起猜忌，刘邦战胜主要对手项羽后，韩信的势力被一再削弱；最后，韩信由于被控谋反，被吕雉及萧何骗入宫内，处死于长乐宫钟室。宋司马光说："世或以韩信首建大策，与高祖起汉中，定三秦，遂分兵以北，擒魏，取代，破赵，胁燕，东击齐而有之，南灭楚垓下，汉之所以得天下者，大抵皆信之功也。"①，那么钟离眜骂韩信是怎么一回事呢？

---

① 《资治通鉴》卷十二《汉纪》。

项王亡将钟离眜家在伊庐，素与信善。项王死后，亡归信。汉王怨眜，闻其在楚，诏楚捕眜。信初之国，行县邑，陈兵出入。汉六年，人有上书告楚王信反。高帝以陈平计，天子巡狩会诸侯，南方有云梦，发使告诸侯会陈："吾将游云梦。"实欲袭信，信弗知。高祖且至楚，信欲发兵反，自度无罪，欲谒上，恐见禽。人或说信曰："斩眜谒上，上必喜，无患。"信见眜计事。眜曰："汉所以不击取楚，以眜在公所。若欲捕我以自媚于汉，吾今日死，公亦随手亡矣。"乃骂信曰："公非长者！"卒自到。信持其首，谒高祖于陈。上令武士缚信，载后车。信曰："果若人言，'狡兔死，良狗烹；高鸟尽，良弓藏；敌国破，谋臣亡。'天下已定，我固当亨！"上曰："人告公反。"遂械系信。至雒阳，赦信罪，以为淮阴侯。(《史记》卷九十二《淮阴侯列传》)①

事情是这样，钟离眜起初是霸王项羽帐下五大将之一，素与韩信交情不错。汉高祖四年被汉军围困于荥阳东，项羽往救，汉军退走。项羽乘胜追击，切断了汉军粮道，汉军被困求和，项王不许，陈平向汉王献计说：项王的忠臣，只有亚父、钟离眜、龙且、周殷几个人，如果你能用万金买通说客，去离间他们的君臣关系，再出兵攻打，项王必败。汉王遂用此计。项王果然对忠臣疑忌，致使忠臣纷纷离去，只有钟离眜还追随项王。

---

① 《史记》卷九十二《淮阴侯列传》。

项王败死后，钟离眜投奔韩信。韩信便将其收留藏匿。刘邦得知钟离眜逃到楚国后，要求韩信追捕，韩信不但不从，还派兵保护钟离眜的出入。公元前 201 年，有人告发楚王谋反，刘邦采用陈平计策，假称到云梦去狩猎，要求诸侯到陈地集合，以出游为由偷袭韩信。韩信有意发兵抵抗，自陈无罪，但又怕事情闹大，有人劝他说：你把钟离眜杀了，带他的头颅去见汉王，保你无事。韩信与钟离眜商量此事，钟离眜说：汉王已经知道你要谋反，不敢来攻你，就是因为我们在一起。如果你把我杀了，去见汉王，你也回不来了。韩信不听他的劝告，钟离眜大骂韩信说："公非长者。"并说："吾今日死，公亦随亡。"随即自刎。韩信便带着他的头颅去拜见汉王，结果被汉王绑了起来，带回朝廷。

此时，韩信贵为楚王，地位显贵，但背信弃义，先违主公刘邦之命不逮捕钟离眜，后为求自保，欲杀害避难的朋友钟离眜来献媚刘邦，还厚着脸皮和钟离眜商量，韩信这种出尔反尔、首鼠两端的行为，被钟离眜所不齿，钟离眜认为不是长者，长者自然不能解释为显贵者，而如果作年纪大、辈分高的人的意思解释，显然不能用于骂人，因为年纪大、辈分高不具有贬义，是中性词，而且我国自古就有尊老爱幼的传统，年纪大、辈分高的一般情况下都理应得到尊重。联系到此处韩信卖友自保，长者此处显然只能用作"有德行者"来解释了。

第二个例证，季布认为曹丘生趋炎附势，事权贵讨赏财物，认为其德行有问题，不是长者，并写信给窦长君，建议窦长君不要与曹丘生交往。①

楚人曹丘生,辩士,数招权顾金钱。事贵人赵同等,与窦长君善。季布闻之,寄书谏窦长君曰:"吾闻曹丘生非长者,勿与通。"及曹丘生归,欲得书请季布。窦长君曰:"季将军不说足下,足下无往。"固请书,遂行。使人先发书,季布果大怒,待曹丘。曹丘至,即揖季布曰:"楚人谚曰'得黄金百(斤),不如得季布一诺',足下何以得此声于梁楚间哉?且仆楚人,足下亦楚人也。仆游扬足下之名于天下,顾不重邪?何足下距仆之深也!"季布乃大说,引入,留数月,为上客,厚送之。季布名所以益闻者,曹丘扬之也。(《史记》卷一百《季布栾布列传》之《季布传》)

史实典故是说,楚地有个名叫曹丘生的人,能言善辩,爱结交权贵讨赏财物,帮宦官赵同等人做事出谋划策,与皇太后的哥哥窦长君关系好。季布和曹丘生是同乡,但季布很瞧不起曹丘生,并在一些朋友面前表示过厌恶之意,偏偏曹丘生想结交季布,并请求窦长君写一封信给季布,介绍自己给季布认识。窦长君早就知道季布对曹丘生印象不好,劝曹丘生不要去见季布,免得惹出是非来,但曹丘生坚持要窦长君介绍。窦长君无奈,只好勉强写了一封推荐信,派人送到

---

① 《史记》卷一百《季布栾布列传》之《季布传》。

季布那里。

季布读了信后很不高兴,准备等曹丘生来时,当面教训教训他。过了几天,曹丘生果然登门拜访。季布一见曹丘生,就露出厌恶之情。曹丘生对此毫不在乎,先恭恭敬敬地向季布施礼,然后慢条斯理地说:"我们楚地有句俗语,叫作'得黄金百两,不如得季布一诺'。您是怎样得到这么高的声誉的呢?您和我都是楚人,如今我在各处宣扬您的好名声,这难道不好吗?您又何必不愿见我呢?"

季布觉得曹丘生说得很有道理,顿时不再讨厌他,并热情款待他,留他在府里住了几个月。曹丘生临走时,季布还送他许多礼物。曹丘生确实也照自己说过的那样去做,每到一地,就宣扬季布如何礼贤下士,如何仗义疏财。这样,季布的名声越来越大。这也是"一诺千金"成语的由来,它形容一个人很讲信用,说话算数。而事实上曹丘生并不是当初季布所认为的那一类德行不好的人。耳听为虚,眼见为实,评判一个人不能只听一面之词。

通过以上两个例证,大致可以认定,长者的内涵中偏重指具有德行、修养较高者。在长者的三个认定条件①即权威、道德与年龄条件中,道德是长者首要的必要的条件。长者的定义,以往的有关长者的研究成果并没有进行探讨,更没有做出界定。笔者认为,长者就是指道德修养较高,心智成熟,能承担社会责任,

---

① 参考本书"两汉长者的条件"一章。

具有一定社会权威和社会影响的个人。这是本书对长者认定的概念基础，也是本书对长者的条件进行考察得出的结论。在如此限定下，具有长者内涵的长者个体组成的群体，本书中简称长者群体。

一、两汉长者的条件

从两汉史料来看,能被称为长者①,除年龄因素外,其社会地位、道德威望等因素更重要。

(一) 权威条件

长者,除自称外,在两汉之际更多的是对有较高社会地位的人的一种尊称,研究发现被称为长者的个体,有两个特点:第一,被尊称之时,已是朝廷官吏,或有官僚背景。第二,家庭出身于宗亲权贵、地主豪强。当然这两个特点并非要兼而有之,它们有一个共同的特点,就是拥有一定的社会权势或具有一定的社

---

① 为便于行文与简化注释,特作出说明,本书所论述的长者人物,都在《史记》《汉书》及《后汉书》中有明确的被称为长者的记载,可参见附表第二部分"长者人物统计表"之表六至表八。

会权势背景。

1. 官吏身份

官吏制度即官员制度，亦为政府工作人员制度的总称。可以指中国封建时代九品官中的任何一种官职制度，较低级的官吏由通过中国经典文学考试及格的人来充当。官吏制度非常复杂，除在任的职事官外，还有散官、勋官、爵官，散官又分文散官与武散官。

古人有四大理想，依次是修身、齐家、治国和平天下，这和穷则独善其身、富则兼善天下其实是一样的道理。从管理的角度来看，家、国、天下乃至企业和其他组织，其内部运营机制其实都有很多相通的道理，正所谓治大国如烹小鲜。在大多数情况下，古人都是学而优则仕，于是治国和平天下就成了众多学子的最终期望。

中国古代的官吏制度其实很有意思，仔细研究的话，会发现从后世的政府、组织、企业的身上都可以看到一定的影子。在中华历史的长河中，对于古代中央权力机构来说，从奴隶社会的世袭制、三皇的禅让制、西周的大夫制、始皇帝的三公九卿制、三国时的九品中正制再到唐太宗的三省六部制、明朝的六部制和清代的大学士或军机大臣兼六部制；从地方权力机构来说，从西周的分封制、西汉的州郡制、唐代的节度制、宋代的州县制、明朝的三司府州县制和清朝的督抚制，都是几经变革，而且历朝历代都有所不同。

中央机构的变革最大的两次,是始皇帝和唐太宗进行的。从原来的公侯、卿和大夫世袭制,到秦时的三公九卿制,虽然不能完全摆脱世族高门的影响,但已经是大大地进行了变革,实行了高度的中央集权。而盛唐时期李世民推行的三省六部制,通过三省削弱了相权,加强了皇权,同时发挥官吏的特长,做到知人善任,这一套体系一直为后来的封建王朝所沿用。

而地方机构的变革就要复杂一些。西周首开先河,实行分封制,皇族贵戚和重要功臣都得到了分封,"桐叶封地"和"太公治齐",都是那时候的事情。西周时期,地方长官分为诸侯与大夫两级,诸侯的封地叫国,大夫的封地叫邑。在西周初期,这样的做法起到了稳定统治的作用,但是在后期诸侯坐大,才有了春秋和战国时代。

在秦统一后,取消诸侯,中央集团万户以上的县称令,万户以下的县称长。至汉,刘邦分封兄弟和诸子,以致景帝时期出现"八王之乱",后来诸侯国权力大幅被削减。汉武帝初置十三州,为监察区,每州设刺史。唐初置十道,玄宗时增至十五道,为监察区,每道设观察使(按察使、采访使),唐代的军区置都督府,都督加使持节称节度使。节度使一身兼军事、行政、督察三种职务,成为权力很大的地方军政长官,所以才有后期的"安史之乱"。宋代又有新的变化,充分吸取唐和五代的教训,"杯酒释兵权",朝廷派出知州和知县,重文轻武,也才有了燕云之恨和潭渊之盟。明代省的下一级政区为府,府的地位相当于汉代的郡、唐代的州。府的长官称知府，京府则称府尹。清代的地方行政大体沿袭明制而略有不同，在省一级，正式以总督或巡抚为最高长官，管辖府、州的高级行政长官通称道员，别称道台、观察。

官与吏是有区别的。在衙门里做事的人，有官，有僚，有吏。官就是正职，即长官；僚就是副职、佐贰，即僚属；吏就是办事员，即胥吏。官和僚都是官员，有品级（比如知县正七品，县丞正八品，主簿正九品），叫"品官"。又因为自隋以后，官和僚都由中央统一任命，因此也叫"朝廷命官"。吏则"不入流"，由长官自己"辟召"，身份其实是民。也就是说，官僚都是"国家干部"，吏却只好算作"以工代干"。他们是官府中的"服役人员"，其身份与衙役（更夫、捕快、狱卒之类）并无区别，只不过更夫、捕快、狱卒或服劳役，或服兵役，胥吏则提供知识性服务而已。胥是供官府驱使的劳役，负责催征赋税、维持治安、把守关卡、看守仓库、看管和押解犯人、站堂、看门、传唤、传送文移、押解官府物品等诸多杂事。吏是在官府承办具体公务的人员，虽然也有役的性质，但毕竟不同于胥，其地位也高于胥，他们在官府负责文书事物，承办具体事物，如收发公文、保管档案、誊录文书、造报账册、处理各种文书等。因此胥吏地位极低（常被呼为"狗吏"），待遇也极低（往往领不到薪水）。此外，还有一条规定，就是胥吏不能当御史（监察官），也不能考进士。这样，官和吏，就一个在天上、一个在地下了。

胥吏与职官对比

比较项目	胥吏	职官
选拔任用	官府招募多，为下层人士	通过考试选拔，朝廷任命，多为士人官宦子弟
地位作用	办事人员身份，其实是民，以工代干	官就是正职，即长官，有品级
职能	抱案牍、考文章、备善写、处理烦琐的具体事务	理论上参与地方行政，实际不屑于琐碎事务

不过胥吏的地位虽然低，政治影响却大，因为国家事务，尤其是地方行政，实际上是靠胥吏来处理的。进士、翰林出身的"官"们，"学问"虽好，能力却很可疑。他们往往不屑于（其实也未必能）处理烦琐的具体事务。"吏"却是这方面的专门人才。而且，由于胥吏没有别的出路，无法像官那样步步高升，也就更加努力地把自己打造成"专门人才"，并在执法领域"大显身手"。结果，在处理国家事务和地方行政时，官是外行，吏是内行。外行虽然在名义上领导内行，内行却可以在实际上糊弄外行。要知道，帝国的政策和法令往往都是些"原则性意见"，是用漂亮的文言文写成的，因此是含糊其词和语焉不详的，具体尺度全靠执行者掌握。官们既然不懂行，则升迁的快慢，处分的轻重，赋税的多少，工程的增减，便都由吏们说了算，或者被胥吏牵着鼻子走。所以，明末的顾炎武，便说当时的情况是"百官者虚名，而柄国者吏胥也"。清末的郭嵩焘，也说有清一代是"与胥吏共天下"。一个王朝的政治，如果居然实际上是由一大批永

无出头之日的办事员（胥吏）来操纵的，那光景可想而知。

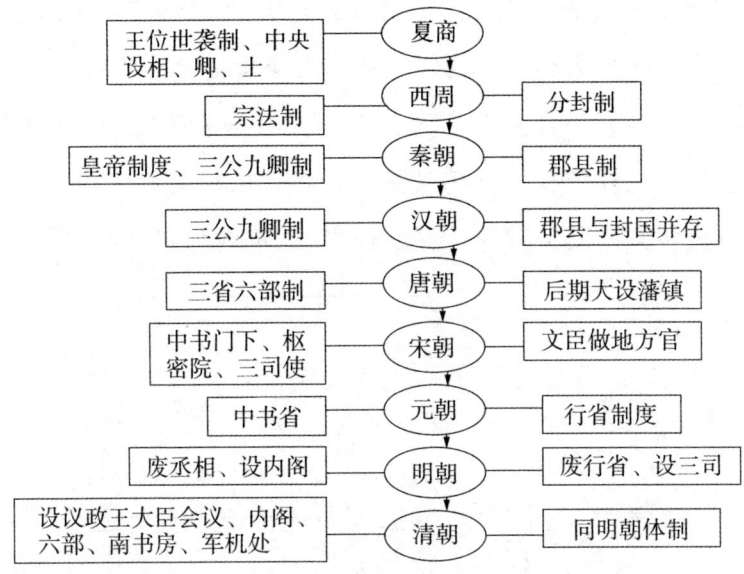

职官的发展历程

被人尊称为长者的个体，多有官吏身份或官吏背景。《史记》中的陈婴，被尊为长者之前担任过东阳令史。"陈婴者，故东阳令史，居县中，素信谨，称为长者。"① 后来再借助其长者的威望，成为一支秦末农民起义军的首领。《史记》中还记载樊于期②、贲赫③、袁盎④、周勃⑤等，在被称为长者之时，都有官吏身份，如起义首领、将军、中大夫、丞相等。东汉隗嚣被称为长

---

① 《史记》卷七《项羽本纪》。
② 《史记》卷八十六《刺客列传》之《荆轲传》。
③ 《史记》卷九十一《黥布列传》。
④ 《史记》卷百〇一《袁盎晁错列传》之《袁盎》。
⑤ 《史记》卷百〇二《张释之冯唐列传》之《张释之传》。

者，割据称雄陇西①；任光被视为长者时，为"郡县吏"②；朱浮是在当官后被称为长者③；滕延官至京兆尹，被称为长者④。他们这些人被尊称为长者，与他们的官吏身份是分不开的。

孔车虽没有当官而被称为长者，但其为袁盎家臣⑤，可以说是有权贵背景作依托。梁鸿被称为长者，虽没有正式为官，但其确有官宦背景。其父曾为"城门校尉"，尊封为"修远伯"⑥。

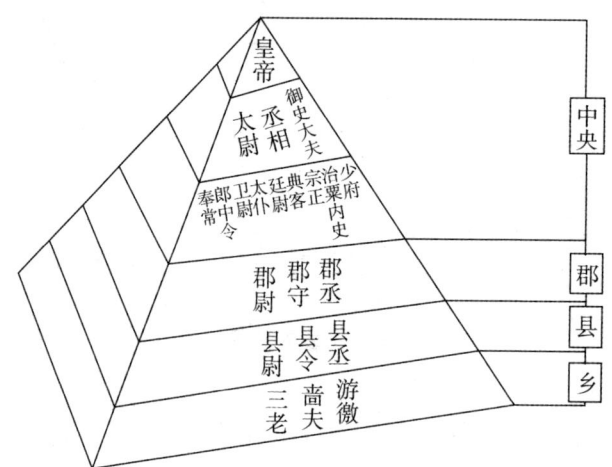

秦汉的职官制度等级

---

① 《后汉书》卷十三《隗嚣公孙述列传》之《隗嚣传》。
② 《后汉书》卷二十一《任李万邳刘耿列传》之《任光传》。
③ 《后汉书》卷三十三《朱冯虞郑周列传》之《朱浮传》。
④ 《后汉书》卷七十八《宦者列传》之《侯览传》。
⑤ 《史记》卷百一十二《平津侯主父列传》。
⑥ 《后汉书》卷八十三《逸民列传》之《梁鸿传》。

2. 王室国亲

王侯贵族依家族承继,手握国家权柄,坐拥封地属民,就是他们的后代,因为出身上的被认为具有高贵血统,在封建社会也会让人高看一等;皇亲国戚依附皇家威势,具有很大的社会影响力与号召力。

西汉代王母家薄氏①、张敖②、张欧③、田叔④这些史书中明确被称为长者的个体,都是王侯贵族或外戚。

薄氏,即薄太后,是刘邦的薄姬,文帝刘恒之生母。生于秦朝,生父姓薄,原是吴人(今江苏苏州人),母亲是魏国王族,跟随魏王,薄姬也就成了魏王豹的妃子,刘邦打败楚项,统一天下之后,薄姬被送到汉宫里的纺织房当织女。有一天,汉高祖刘邦经过织房,看到薄姬长得不错,就纳她入后宫。但是汉高祖后宫的妃子很多,很长时间并未宠幸于她。后来,薄姬也只是在儿时好友管夫人和赵子儿的帮助下,才勉强得到过一次宠幸,之后又被刘邦忘到脑后,直到刘邦去世。然而,也就是这一次宠幸,便使薄姬成了西汉文帝刘恒的母亲。

张欧,字叔,高祖的功臣安丘侯张说的小儿子。张欧在孝文帝时以研究刑名之学辅佐太子,但是他为人却很厚道。景帝时对

---

① 《史记》卷五十二《齐悼惠王世家》。
② 《史记》卷八十九《张耳陈余列传》。
③ 《史记》卷百〇三《万石张叔列传》之《张叔传》。
④ 《史记》卷百〇四《田叔列传》。

他很尊重，任为九卿。到武帝元朔年，他代替韩安国做御史大夫。张欧做官，从不曾惩治别人，只以诚恳和善来做官。下属认为他是长者，也不敢太欺瞒他。上报案件，凡是能退回的就退回；不能退回的，他就为罪人流泪，不忍读文书而把文书封上。他就像这样关心别人。

田叔是赵国陉城人，他的祖先是齐国王室田氏的后代。田叔喜欢剑术，曾在乐巨公的住处向他学习黄、老的学说。田叔为人苛刻廉洁。喜欢和那些德高望重的人交游。汉初，有人把他推荐给赵相赵午，赵午又在赵王张敖那里称道他，赵王任命他为郎中。任职几年，他峻切刚直清廉公平，赵王很赏识他。

而在东汉中史书明确尊称为长者的刘秀[1]、刘庄（刘秀的儿子）[2]刘荆（刘秀的儿子）[3]、刘虞[4]、刘表[5]、刘宠[6]、刘昆[7]，都是皇族刘氏宗室子孙。东汉开国皇帝刘秀是西汉刘邦九世孙，刘庄是刘秀的儿子。刘表是鲁恭王刘非（汉景帝儿子）的后代孙，刘宠是齐悼惠王刘肥（汉高祖刘邦儿子）之后代子孙，刘昆是梁孝王刘武（汉文帝儿子）的后代子孙。

刘虞，字伯安，东海郯（今山东郯城）人。东汉末年著名政治家，汉室宗亲，先祖是曾为光武帝废太子的东海恭王刘强。他

---

[1] 《后汉书》卷一上《武帝纪》。
[2] 《后汉书》卷三《肃宗孝章帝纪》。
[3] 《后汉书》卷三十六《郑范陈贾张列传》之《郑众传》。
[4] 《后汉书》卷七十三《刘虞公孙瓒陶谦列传》之《刘虞传》。
[5] 《后汉书》卷七十四下《袁绍刘表列传》之《刘表传》。
[6] 《后汉书》卷七十六《循吏列传》之《刘宠传》。
[7] 《后汉书》卷七十九上《儒林列传》之《刘昆传》。

镇守幽州时为政宽仁，安抚百姓，深得人心。主张以怀柔政策对待当地的游牧民族，但由于与公孙瓒意见不合而产生矛盾，出兵攻击公孙瓒，兵败被杀。

以下史料是两汉长者拥有"王侯贵族、皇亲国戚"出身或社会身份的记载：

> 薄太后，父吴人，姓薄氏，秦时与故魏王宗家女魏媪通，生薄姬，而薄父死山阴，因葬焉。（《史记》卷四十九《外戚世家》之《薄氏传》）

> 御史大夫张叔者，名欧，安丘侯说之庶子也。（《史记》卷百〇三《万石张叔列传》之《张叔传》）

> 田叔者，赵陉城人也。其先，齐田氏苗裔也。（《史记》卷百〇四《田叔列传》）

> （刘秀）世祖光武皇帝讳秀，字文叔，南阳蔡阳人，高祖九世之孙也，出自景帝生长沙定王发。（《后汉书》卷一上《光武帝纪》）

> 刘虞字伯安，东海郯人也。祖父嘉，光禄勋。……迁宗正。（《后汉书》卷七十三《刘虞公孙瓒陶谦列传》之《刘虞传》）

> 刘表字景升，山阳高平人，鲁恭王之后也。（《后汉书》卷七十四下《袁绍刘表列传》之《刘表传》）

> 刘宠字祖荣，东莱牟平人，齐悼惠王之后也。（《后汉书》卷七十六《循吏列传》之《刘宠传》）

> 刘昆字桓公，陈留东昏人，梁孝王之胤也。（《后汉书》卷七十九上《儒林列传》之《刘昆传》）

以上史料所列举的长者人物的社会身份，不是王侯贵族，就是皇亲国戚，因为出身或者姻亲而得到了异于常人的社会地位，身份显贵，掌握一些与生俱来的社会资源，比如权势，比如人际关系，容易得到当时民众的敬畏，所以封建社会的人比较喜欢与这些王室宗亲攀上血缘关系、姻亲关系，来获得某些天然的身份认同和民众依附。这类社会身份为他们获得长者的尊称和认同奠定了权势、财力与社会关系支撑。

3. 富人豪强

豪强一词在中国史书上，是个司空见惯的词语。二十四史中，豪强一词从来没有在人们的视野中消失过。豪强有时候也被称为：豪民、豪富、豪绅、大户、强人、门阀。大致相当近代所谓的土豪、劣绅、乡绅这样的称谓。他们并非分封制的产物，也不是官员，而是在特定的历史条件下，在社会政治经济生活中自发形成的。他们是地主阶级中的异化成分。因为"役财骄溢，或至兼并豪党之徒，以武断于乡曲"，有钱有势，事实上成为基层社会的统治力量，其在政治上和经济上游离于国家体制之外，而成为专制主义中央集权制度的异己力量，但为了基层的统治与稳定，有时不得不采用一些安抚怀柔政策，吸纳他们进入社会官僚阶层。

富人豪强作为一股社会势力，他们的一部分人以财物入官，被称为长者。卜式因捐钱资助国家外拒匈奴入侵内抚民话和解，被选为官，直做到御史大夫。史载卜式"田畜为事"，第一次，以"上书，愿输家之半县官助边"，引起汉武帝注意。第二次，"卜式持钱二十万予河南守，以给徙民"，得到皇帝褒奖，说明卜式是很有钱的，是富豪。"是时富豪皆争匿财，唯式尤欲输之助费。天子于是以式终长者，故尊显以风百姓"。① 被司马迁称为长者的张释之，家庭应是富豪之家，他"以赀为骑郎"，《史记》索隐引如淳曰："《汉仪注》赀五百万得为常侍郎。"张释之后官至淮南王相、廷尉。② 黄霸，宣帝称之为长者，先是以"以豪杰役使徙云陵"，也是一方豪杰，"武帝末以待诏入钱赏官"，后官至丞相。③

张释之字季，南阳堵阳（今河南方城县东）人，是西汉法律家，法官。汉文帝元年（前179年），以赀选为骑郎，历任谒者仆射、公车令、中大夫、中郎将等职。文帝三年升任廷尉，成为协助皇帝处理司法事务的最高审判官。他认为廷尉是"天下之平"，如果执法不公，天下都会有法不依而轻重失当，百姓于是会手足无措。他严于执法，当皇帝的诏令与法律发生抵触时，仍能执意守法，维护法律的严肃性。他认为，"法者，天子所与天

---

① 《史记》卷三十《平准书》。
② 《史记》卷百〇二《张释之冯唐列传》之《张释之传》。"太史公曰：张季（释之）之言长者，守法不阿意。"
③ 《汉书》卷八十九《循吏传》之《黄霸传》。参见附表表七。

下公共也"。如果皇帝以个人意志随意修改或废止法律,"是法不信于民也"。他的言行在皇帝专制、言出法随的封建时代是难能可贵的。时人称赞"张释之为廷尉,天下无冤民"。

黄霸是中国西汉时有名的大臣,字次公,淮阳郡阳夏县人,身为豪杰而役使乡里人迁徙到云陵。黄霸年轻时学习法律,喜欢做官,汉武帝末年以待诏的身份因纳钱有功被赏给官职,授官侍郎谒者,因为通晓文法、明察秋毫、为官清廉、文治有方,性情又温良懂得谦让,为政外宽内明,力劝耕桑,推行教化,治为当时第一。他先后任河南太守丞、廷尉、扬州刺史颍川太守等职,公元前55年,汉宣帝让黄霸代丙吉为丞相,并封为建成侯,总揽朝纲社稷。

4. 世官世族

发展到东汉,长者多出身世家大族,寇恂①、卓茂②、刘宽③、赵孝④、段颎⑤、周嘉⑥等在《后汉书》中被明确尊称为长者,他们的家族大都有世代为官的背景,或世为豪族大姓。

寇恂出身世家大族,原是新朝上谷功曹,后投奔刘秀,被任

---

① 《后汉书》卷十六《邓寇列传》之《寇恂传》。
② 《后汉书》卷二十五《卓鲁魏刘列传》之《卓茂传》。
③ 《后汉书》卷二十五《卓鲁魏刘列传》之《刘宽传》。
④ 《后汉书》卷三十九《刘赵淳于江刘周赵列传》之《赵孝传》。
⑤ 《后汉书》卷六十五《皇甫张段列传》之《段颎传》。
⑥ 《后汉书》卷八十一《独行列传》之《周嘉传》。

命为偏将军、承义侯。此后，寇恂镇守河内，治理颍川、汝南，协助刘秀建立东汉。刘秀称帝后，寇恂任执金吾，封雍奴侯。建武十二年病逝，谥号威侯。

卓茂，字子康，南阳郡宛县人。祖父、父亲都做过郡太守。卓茂在汉元帝时到长安（今陕西西安）求学，师从博士江生，学习《诗经》《礼记》和历法算术，深得师傅之学，号称"渊博儒士"。生性仁爱恭谨，乡邻朋友，即使品行才能和卓茂不一样的，但都很喜欢他。卓茂最初被聘用为丞相府史，跟随孔光，孔光称赞他是有德之人。

赵孝，字长平，沛国蕲人（安徽省宿州市），父亲赵普，在王莽时为田禾将军。赵孝、赵礼兄弟俩，兄弟很友爱。有一年，年成荒歉得很。一班强盗占据了宜秋山，把赵礼捉去了，并且要吃他。赵孝就赶紧跑到了强盗那里，求恳那班强盗们，说道：赵礼是有病的人，并且他的身体又很瘦，是不好吃的；我的身体生得很胖，我情愿来代替我的弟弟给你们吃，请你们把我的弟弟放走了。强盗还没有开口说话，他那弟弟赵礼一定不肯答应。他说道：我被将军们捉住了，就是死了，也是我自己命里注定的，哥哥有什么罪呢？两兄弟抱着，大哭了一番。强盗也被他们感动了，就把他们兄弟俩都释放了。这件事最后也被皇帝得知了，便下了诏书，褒奖赵氏兄弟，将此事昭示天下，这是兄友弟恭的优良的典范。赵孝先辟除为太尉府属吏，后拜谏议大夫、侍中、长乐卫尉。

以下史料予以佐证：

寇恂字子翼，上谷昌平人也，世为著姓。(《后汉书》卷十六《邓寇列传》之《寇恂传》)

卓茂字子康，南阳宛人也。父祖皆至郡守。……子崇嗣，徙封泛乡侯，官至大司农。崇卒，子棽嗣。棽卒，子诉嗣。诉卒，子隆嗣。永元十五年，隆卒，无子，国除。(《后汉书》卷二十五《卓鲁魏刘列传》之《卓茂传》)

刘宽字文饶，弘农华阴人也。父崎，顺帝时为司徒。……子松嗣，官至宗正。(《后汉书》卷二十五《卓鲁魏刘列传》之《刘宽传》)

赵孝字长平，沛国蕲人也。父普，王莽时为田禾将军，任孝为郎。每告归，常白衣步担。

永平中，辟太尉府，显宗素闻其行，诏拜谏议大夫，迁侍中，又迁长乐卫尉。复征弟礼为御史中丞。……后岁余，复以卫尉赐告归，卒于家。孝无子，拜礼两子为郎。(《后汉书》卷三十九《刘赵淳于江刘周赵列传》之《赵孝传》)

段颎字纪明，武威姑臧人也。其先出郑共叔段，西域都护会宗之从曾孙也。颎少便习弓马，尚游侠，轻财贿，长乃折节好古学。(《后汉书》卷六十五《皇甫张段列传》之《段颎传》)

周嘉字惠文，汝南安城人也。高祖父燕，宣帝时为郡决曹掾。……遂不食而死。燕有五子，皆至刺史、太守。……稍迁零陵太守，视事七年，卒。零陵颂其遗爱，吏民为立祠焉。

嘉从弟畅，字伯持，性仁慈，为河南尹。永初二年夏，旱，久祷无应，畅因收葬洛城傍客死骸骨，凡万余人。应时澍雨，岁乃丰稔。位至光禄勋。(《后汉书》卷八十一《独行列传》之《周嘉传》)

寇恂生在"世为著姓"之家；卓茂家世代为官，甚至以侯爵相嗣；刘宽祖孙三代为官；赵孝之父赵普为将军，赵孝起于郎官；还有段颎、周嘉都为官宦之家。这些长者出身于世官世族之家，为成为长者累积了权势基础。

世官世族的形成，与当时的选官制度是分不开的。在此顺便说一说古代官员的选拔制度。

一是荐举制度，包括制度荐举、私人荐举、官府举荐与自荐。制度荐举主要是按照选贡士制、察举制、九品中正制等制度的规定，通过一定的途径和手续来选拔人才的方法。私人举荐作为一种选拔人才的重要形式，经常被国君使用，后来则成为大臣们的职责之一。国君责成他们必须向国君推荐人才，因此出现"外举不弃仇，内举不避亲"的举荐原则。官府举荐以官府的名义向君主和上级部门推荐人才，被推荐的人要参加一定的考试。还有一种官府间接举荐的形式，如秦汉时期的郡国上计吏赴朝廷汇报政绩时，有的被朝廷留任为"计吏拜官"。自荐是因循战国时期士人游说君主的习俗而形成的入仕制度。游说是士人通过在诸侯国君面前游说或上书，用自我推荐的方式以博得君主信任而被授予官职。

二是科举制度。两汉时期还没有形成。科举制度是在举荐制度的基础上发展起来的，以考试成绩作为主要标准的选拔制度。以其公平公正的优越性，适应了中央集团制度的需要，也有利于更广泛地吸收人才。因此，它一经出现，便成为主要的管理选拔制度，历代奉行不替，直到1905年才由学校制度所替代。

三是征辟制度。君主直接选拔人才称之为"征"，也称征召。主要长官直接任用官吏称之为"辟"，也称辟署、辟除、辟召、辟用。这也是古代长期实行的一种用人制度。

四是荫袭制度。是指勋贵子弟依靠父兄的权位得以进入仕途的制度。古代国家长期保留这种选官方式，实际上是世袭制的一种变态遗留，但它与世袭制有着根本的区别。

五是其他入仕途径。其一是博士弟子和国子。这是通过教育系统培养人才，经过考试合格而入仕的途径。其二是赀选世家。古代统治者认为，有恒产者才有恒心，有恒心者才有恒力，只有一定财产的人才具备为官的条件，也便于承担责任，因此便以家室和家庭财产状况作为选拔入仕的资格和条件。其三是军功。根据在战争中战功的大小来选拔官吏的制度，许多军官多是通过这种途径被选拔上来的。其四是捐纳，亦称纳赀，是用财物向朝廷购买官爵的入仕途径。其五是流外铨和吏员。各级官府低级办事人员积累阅历、资历而进入官员行列的选拔途径。

（二）道德条件

"道德"一语，在汉语中最早可追溯到先秦思想家老子所著的《道德经》一书。老子说："道生之，德畜之，物形之，器成之。是以万物莫不尊道而贵德。道之尊，德之贵，夫莫之命而常自然。"其中"道"指自然运行与人世共通的真理，而"德"是指人世的德性、品行、王道。孔子《论语》云："犯上者，鲜矣；不好犯上，而好作乱者，未之有也。君子务本，本立而道生。"钱穆先生的注解："本者，仁也。道者，即人道，其本在心。"在当时道与德是两个概念，并无道德一词，"道德"二字连用始于荀子《劝学》篇："故学至乎礼而止矣，夫是之谓道德之极"。

道德具有多种功能。一是认识功能，道德是引导人们追求至善的良师。它教导人们认识自己对家庭、对他人、对社会、对国家应负的责任和应尽的义务，教导人们正确地认识社会道德生活的规律和原则，从而正确地选择自己的生活道路、规范自己行为。二是调节功能，道德是社会矛盾的调节器。人生活在社会中总要和自己的同类发生这样那样的关系，因此，不可避免地要发生各种矛盾，这就需要通过社会舆论、风俗习惯、内心信念等特有形式，以统一的善恶标准去调节社会上人们的行为，指导和纠正人们的行为，使人与人之间、个人与社会之间关系臻于完善与和谐。三是教育功能，道德是催人奋进的引路人。它培养人们良好的道德意识、道德品质和道德行为，树立正确的义务、荣誉、正义和幸福等观念，使受教育者成为道德纯洁、理想高尚的人。四是评价功能，道德是公正的法官。道德评价是一种巨大的社会力量和人们内在的意志力量。道德是人以"善""恶"标准来评价社会现象来把握现实世界的一种方式。五是平衡功能，道德不仅调节人与人之间的关系，而且平衡人与自然之间的关系。它要求人们端正对自然的态度，调节自身的行为。环境道德是当代社会公德之一，它能教育人们应当以造福于而不贻祸于子孙后代的高度责任感，从社会的全局利益和长远利益出发，开发自然资源发展社会生产，维持生态平衡，积极治理和防止对自然环境的人为性的破坏，平衡人与自然之间的正常关系。六是最初的调节功能，人类拟定道德原则的目的是调节利益关系，实现本阶级（社会或团体）利益最大化。

道德是人的行为规范，现实生活中每个人都有一种无形的道德约束，这是道德的自律性特点决定的，道德主体借助于对自然和社会规律的认识，借助于对现实生活条件的认识，自愿地认同社会道德规范，并结合个人的实际情况践行道德规范，从而把被动的服从变为主动的律己，把外部的道德要求变为自己内在良好的自主行动。对普通百姓有要求，对官员又更多一层，这就是怎么用权，怎么做榜样，怎么爱民，也就是官德，因为他比普通百姓拥有更多的权力。权对官来说有两重性：一是可以为百姓办事，服务社会；二是可以为自己谋私利，甚至欺压百姓。好官坏官由此区分而来。官的政绩决定于他的能与德，但主要是德。有德无能至少不会办坏事，无德有能却可大大地办坏事。德是基础，是软实力，是一个无形的大磁场。所以中国封建社会初期汉武帝选官时首重德，举孝廉；隋唐开始科举考试，重能亦重德；到明清更总结出"公生明，廉生威"。大凡一个政权，在开创之初，德和能都不成问题。替天行道，为民请命，自然大得民心，且自戒甚严，德风感天下。至于能，更是在战火中打出来的，无往不胜。而麻烦在于掌权之后，德渐松弛，能亦下降。

在两汉，长者之所以被尊为长者，是有道德要求的，做官则忠君爱国，礼贤下士，勤政爱民，这是官德，所谓官德，也就是从政道德，是为官当政者从政德行的综合反映，包括思想政治和品德作风等方面的素养，主要内容有公忠为国、以民为本、立身持正、勤勉尽职、清正廉洁等方面；作为平民则仁而爱人、诚信宽厚。如范仲淹说"居庙堂之高则忧其民，处江湖之远则忧其君"。当官要具有官德，与民同乐，亲民、爱民、为民，作为百姓则要有人品，遵守处世准则，有道德吸引人，是人品的楷模。人品是什么？人品是一种道德规范，它是人们行为的一种范式，是协调人际关系的一种基本要求，其核心是引导人格提升和情操高尚，而好的人品则是由多种复杂因素构成的，与人的成长环境、受教育的氛围等息息相关。

前四史记载长者（直接或间接被尊称为长者）凡38例①，拟对他们表现的道德修养分两类进行讨论。

---

① 一人为一例，参考附表六至表十一。

第一类，穷则独善其身，为人做事洁身自好，有修养，是"修身齐家"的个人道德表率。陈婴诚信谨厚①，为人诚实而谨慎。乌江亭长救人于危难②，在别人生死一线之时，不顾个人安危，敢于伸出援手。刘邦仁而爱人，还喜欢救济别人。③ 周勃木强醇厚。④ 卫绾忠厚醇谨。⑤ 直不疑礼让不争，舍金至德。⑥ 孔车爱主如君，不趋利避害，收葬主父偃，武帝嘉许。⑦ 万石君家以孝谨闻名于郡国天下。⑧ "寇恂经明行修，名重朝廷，所得秩奉，厚施朋友、故人及从吏士。"⑨ 任光"少忠厚，为乡里所爱"⑩。卓茂让马，宽仁恭爱。⑪ 刘宽让牛，有直不疑让金之风。⑫ 赵憙"少有节操"，虽欲复仇，但不乘人之危。⑬ 郭丹为人"小心孝顺"⑭。赵孝争死，兄友弟爱。⑮

直不疑，南阳（今河南南阳）人。在汉文帝的时候，他曾经担任郎官。一次，他的同房郎官中有人请假回家，但是这个人错

---

① 《史记》卷七《项羽本纪》。
② 《史记》卷七《项羽本纪》。
③ 《史记》卷八《高祖本纪》。
④ 《史记》卷五十七《绛侯周勃世家》。
⑤ 《史记》卷百〇三《万石张叔列传》之《卫绾传》。
⑥ 《史记》卷百〇三《万石张叔列传》之《直不疑传》。
⑦ 《史记》卷百一十二《平津侯主父列传》。
⑧ 《史记》卷百〇三《万石张叔列传》之《万石君传》。
⑨ 《后汉书》卷十六《邓寇列传》之《寇恂传》。
⑩ 《后汉书》卷二十一《任李万邳刘耿列传》之《任光传》。
⑪ 《后汉书》卷二十五《卓鲁魏刘列传》之《卓茂传》。
⑫ 《后汉书》卷二十五《卓鲁魏刘列传》之《刘宽传》。
⑬ 《后汉书》卷二十六《伏侯宋蔡冯赵牟韦列传》之《赵憙传》。
⑭ 《后汉书》卷二十七《宣张二王杜郭吴承郑赵列传》之《郭丹传》。
⑮ 《后汉书》卷三十九《刘赵淳于江刘周赵列传》之《赵孝传》。

拿了另外一个郎官的黄金。不久，黄金的主人发现黄金丢失了，便胡乱猜疑是直不疑干的。对此，直不疑没有做任何的辩驳，他买来了同等的黄金，交给了失主。过了几天，请假回家的郎官返回来，把错拿的黄金交还给了失主。这个丢失黄金的郎官十分地惭愧，向直不疑道歉，直不疑十分地大度，没有任何怨言。因此，远近的人都称赞直不疑是位忠厚的人。

孔车，在长者之中绝对是个小人物，史书没有为他立传，他所以青史流名，流芳百世，绝对是因为他心志善良，冒死收葬了被汉武帝下令族诛的主父偃。他的事迹也只附于主父偃传中，孔车只是主父偃大红大紫时的众多宾客中很普通的一员，不是王公大臣，不是文官武将，也不是什么饱学之士，在主父偃权倾朝野之时，孔车也没有借势富贵，后主父偃身败名裂惨遭诛杀的时候，至亲好友和势利小人避之唯恐不及，无人敢收尸，唯独孔车冒着杀身之祸收葬主父偃的尸体，史载"唯独洨孔车收葬之。天子闻之，以为孔车长者也"。孔车知恩图报，有胆量有血性，令人敬佩。

卓茂有一次出门，有人说卓茂骑的马是他的马。卓茂问那个人说："你丢马多长时间了？"回答说："一个多月了。"卓茂有这匹马好几年了，心中知道那个人弄错了，但默不出声，解开马交给那个人，自己拉起车离去，回过头说："如果不是你的马，劳驾到丞相府还我。"后来，马的主人从别处找回自己丢的马，就到丞相府还马，磕头向卓茂道歉，卓茂毫不怪罪他。

刘宽，字文饶，是弘农华阴人，父亲刘崎，在汉顺帝时曾任司徒。刘宽少年时研习《欧阳尚书》《京氏易》，尤其擅长《韩诗外传》。通晓观星、占卜、算术、历象等，号称知识渊博的儒士。刘宽一次外出，当时有人丢了牛，就在刘宽车中找到一头牛说是他的。刘宽不作辩解，下车步行回家。不久，认牛的人找到了自己失去的牛而把刘宽的牛送还给他，并磕头谢罪说："我愧对长者，愿意接受您的处罚。"刘宽说："东西有类似的，事情容许有失误，麻烦你送回来了，可以拿什么来感谢你呢？"州里的人都佩服他这种宽宏大量不与人计较的精神。

赵憙，字伯阳，南阳宛县人（今河南南阳人），少有节操。更始帝被杀，赵憙归附光武帝，任简阳侯相。经荆州太守举荐，任平林侯相。后拜任怀县县令，又升任平原太守。公元51年，拜任太尉，赐爵关内侯。赵憙年轻时有节操。堂兄被人杀害，没有儿子，赵憙年十五岁，时常想着报仇。于是带着兵器约好朋友，后来终于前去寻仇。仇人们全部生了病，没有人抵抗。赵憙认为乘别人生病报仇杀人，不是仁爱的人所应做的，就暂且放过他们而离开了，回头对仇人说："你们如果病好了，躲我远远的。"

孝顺父母、兄友弟爱、救人危难、宽厚仁爱、诚信老实、宽宏大量、不争强好胜、更不乘人之危威吓报复，这些都是一个人为人处世的美德，如镜子一样，可以照出一个人的美与丑、善与恶、君子与小人。"人之初，性本善。"人的本性原是善良的，为何有些人会变得如此丑陋？是贪欲，是占有，是那自私自利的恶念。只有提倡这些美德，宣扬这些美德，践行这些美德，才可能纯洁人的心灵、净化社会风气，这样才能家庭和睦、社会和谐。古人尚且努力如此，今人为何不可？

第二类，达则兼善天下，为官理政有官德，是"治国平天下"的政治道德模范，表现为忠君爱国，勤政爱民，治理有方。

首先是忠君爱国。赵王张敖待刘邦持夫婿之礼，守君臣之义，被属下称为长者。① 袁盎在朝，维护君主人臣之义，绝梁王之望②，确保皇权顺利过渡，维护国家稳定。周勃尊刘氏正统，抗外戚恶逆，阻止了外戚夺位，有立辅文帝之功。③ 卫绾忠君不存二心，敢负太子之意，不投靠新主，不赴太子之宴，敦厚谨力。④ 田叔"切直廉平"，治梁王，事存宽厚，为鲁相，劝王立名⑤，帮助梁王树立好的威信。赵憙忠君劝叛，诛恶锄盗，百姓歌之。⑥ 郭丹为更始帝发丧，尽人臣之忠，廉直公正有名臣之风。⑦ 王龚在位恭慎，辟命长者，匡正宦权。⑧ 刘虞忠君爱民，宗室典范。⑨ 滕延不阿宦权，志在匡正，治理有名，人称长者。⑩ 周嘉危救何敞，忠信亮直，为臣为吏之范。⑪ 朱浮讥讽苛察欲速

---

① 《史记》卷八十九《张耳陈余列传》。
② 《史记》卷百〇一《袁盎晁错列传》之《袁盎传》。
③ 《史记》卷五十七《绛侯周勃世家》。
④ 《史记》卷百〇三《万石张叔列传》之《卫绾传》。
⑤ 《史记》卷一百四《田叔列传》。
⑥ 《后汉书》卷二十六《伏侯宋蔡冯赵牟韦列传》之《赵憙传》。
⑦ 《后汉书》卷二十七《宣张二王杜郭吴承郑赵列传》之《郭丹传》。
⑧ 《后汉书》卷五十六《张王种陈列传》之《王龚传》。
⑨ 《后汉书》卷七十三《刘虞公孙瓒陶谦列传》之《刘虞传》。
⑩ 《后汉书》卷七十八《宦者列传》之《侯览传》。
⑪ 《后汉书》卷八十一《独行列传》之《周嘉传》。

之弊，极言规劝人言，是方正之臣。① 孟舒忠信勇直，士卒不驱而死②，争相为他买命，让他驱使为国效力。韩安国，国之重臣，能文能武，智取当世，忠君爱国，推贤举廉。③ 张敞为官，"奖罚分明，见恶辄取"，有治名。④ 黄霸，治为天下第一，国之能臣。⑤ 寇恂经明行修，名重朝廷，治郡纳降，国之良臣。⑥ 卓茂为民有德，勤政有方。⑦ 任光文治武功，国之能臣。⑧

袁盎，字丝，是西汉时的大臣，楚国人，后徙安陵。汉文帝时名震朝廷，因数次直谏，触犯皇帝，被调任陇西都尉，后迁徙做吴相，吴王优厚相待。他在汉景帝"七国之乱"时，曾奏请斩晁错以平众怒，结果七国之乱平定后，他就被封为太常，显贵异常。后来袁盎罢官闲居在家，汉景帝经常派人来向他询问计谋策略。梁王刘武想成为汉景帝的继承人，袁盎向景帝进言劝说阻止，从此以后，这种议论便被中止，梁王因此怨恨袁盎，派人刺杀袁盎。刺客来到关中，打听袁盎到底是一个怎样的人。众人都赞不绝口。刺客便去见袁盎说："我接受了梁王的金钱来刺杀你，您是个厚道人，我不忍心刺杀您。"

张敞，字子高，西汉大臣，河东平阳（今山西临汾西南）

---

① 《后汉书》卷三十三《朱冯虞郑周列传》之《朱浮传》。
② 《史记》卷百〇四《田叔列传》。
③ 《史记》卷百〇八《韩长孺列传》。
④ 《汉书》卷七十六《赵尹韩张两王传》之《张敞传》。
⑤ 《汉书》卷八十九《循吏传》之《黄霸传》。
⑥ 《后汉书》卷十六《邓寇列传》之《寇恂传》。
⑦ 《后汉书》卷二十五《卓鲁魏刘列传》之《卓茂传》。
⑧ 《后汉书》卷二十一《任李万邳刘耿列传》之《任光传》。

人。祖父张孺为上谷太守，徙居茂陵。父张福事汉武帝，官至光禄大夫。张敞事宣帝时，徙居杜陵。张敞治理很有方法。当时长安境内的社会秩序很乱，偷盗事件层出不穷，负责长安地区的京兆尹一职几度换人，都不称职。宣帝召见张敞，问以治禁之策，张敞充满信心地答应能办好此事。于是宣帝就下诏调张敞为京兆尹。张敞到任后，了解到境内社会秩序混乱（尤其是长安），盗贼甚多，商贩和居民深受其苦。他通过私行察访，向长安一些老年人询问，终于查出盗首原来是几个家境很富足、外出时还有童奴相随的人。街坊邻居们谁也想不到他们竟是盗首，平时还以忠厚长者相待。张敞察知后，不动声色，派人分头将几个盗首召至府中，列举了他们所犯各案，要求他们将诸窃贼全部拿交，借以赎罪。几个盗首说："今天我们蒙召来此，必为同伙窃贼所疑，如能允许我们权补吏职，方可如约。"张敞当即允诺，给他们全部安排了官职，然后让他们回去。盗首回家后，设宴欢庆，遍邀同伙入饮。那些窃贼不知是计，一齐赶去赴宴祝贺，一个个喝得酩酊大醉。盗首按照在张敞府拟定好的计谋，乘机将每个盗贼后背都涂上红色，好让守候在门外的捕役辨认。盗贼们饮罢辞出，即被捕役一一捉拿。这一下就捕捉数百名盗贼。从此，长安市内社会秩序一新，偷盗事件极少。

黄霸是能臣，政绩斐然。史载汉宣帝非常注意国家治理，多次颁发恩泽诏书，但官吏没有努力让百姓都知道。黄霸为太守时挑选品行好的官吏，分别宣布诏令，让百姓都知道皇上的好意。命驿馆、乡里治所都喂养鸡猪，以便赡养鳏寡贫弱的人。然后制订教令，设置父老、师帅、伍长，颁行于民间，勉励他们做好事防止奸邪之徒，以及致力农桑，节俭增财，种植树木、喂养牲畜，不喂养吃谷的马匹。细小之事，起初极为繁多，但黄霸凭自己的精力极力推行它。黄霸见到吏民，从与他们的谈话之间探求，询问其他隐私，以作参考。黄霸曾想有所考察，于是挑选了年长廉洁的属吏并派他巡视，告诫他不要泄露出去。这一属吏出去后，不敢在驿站停留，在道旁进食时，乌鸦迅速抓取了他所要吃的肉。有个准备到郡府谈论事情的人刚好看见了，黄霸与这人谈到了这件事。过了两天这个属吏回来拜见黄霸，黄霸看见他后欢迎并慰劳他，说："非常辛苦！在路旁进食却被乌鸦把肉叼走。"这个属吏大惊，认为黄霸全部知道他的行踪，黄霸所询问的，这一属吏连极小的事情都不敢隐瞒。鳏寡孤独有死了而无法埋葬的，全部用信告诉黄霸，黄霸全都为其分别加以处理，某地的大树木可做棺材，某亭的猪子可用来祭祀，下吏前去验看后发现一切都如黄霸所说。他记事的能力之强达到这种地步，吏民不知道他用的什么方法，都称赞他神明。因此，奸邪之徒离去到了别的郡国，盗贼一天比一天减少。

  黄霸尽力实行教化，若有不从的，然后才使用刑罚，从不轻易替代损伤长吏。许县丞年老，犯耳聋病，督邮将此事告诉黄霸并想赶走他，黄霸说："许县丞是一名廉洁的官吏，虽然年老，但还能拜起送迎，即使很聋，又有什么妨碍呢？姑且好好地帮助他，不要使贤能人失去志向。"有的人询问他的缘由，黄霸回答说："多次变换长吏，欢送旧官迎接新官的费用和奸滑小吏乘交接之际弃匿簿书来盗取公物,公私所耗费用很多,这些都应当由百姓拿出,所更换的新官又不一定贤能,有的不如以前的官吏,只是增加混乱。大凡治理之道,不能太苛求吧。"黄霸靠表面宽大暗中明察得到吏民拥护,户口每年增加,治绩为天下第一。皇上征召他担任京兆尹,俸禄二千石。

其他人不一而足,不一一说明了。

在古代,忠君与爱国很难区别开,"朕即国家",所以那时候,无论官员和百姓都会或多或少的有正统思想,要拥戴自己的皇帝,维护正统统治,做忠臣良民,不做乱臣贼子,这是他们所生活的时代所决定,具有阶级和时代局限性。当今社会绝大多数国家没有君主,有的有君主,也是君主立宪制国家,君主只是象征,多数并没有实权,对国家没有控制力,忠君思想已绝对过时,但爱国并没有过时。

其次是爱民。刘邦持义爱民,得军民之心,而得天下。① 张欧治刑,轻刑慎罚,仁而爱人。② 钟离意爱民如子,释囚葬母,不避诛责,谏争主上,国之良臣。③ 张释之"守法不阿意",非口辩之虚言,立恻隐之实。④ 刘宠仁惠,治民大化,百首持钱。⑤ 刘昆治民德政,有降雨止风之能,感虎负子渡河之德⑥;儿宽温

---

① 《史记》卷八《高祖本纪第八》,本文有专节论述。
② 《史记》卷百〇三《万石张叔列传》之《张叔传》。
③ 《后汉书》卷四十一《第五钟离宋寒列传》之《钟离意传》。
④ 《史记》卷百〇二《张释之冯唐列传》之《张释之传》。
⑤ 《后汉书》卷七十六《循吏列传》之《刘宠传》。
⑥ 《后汉书》卷七十九上《儒林列传》之《刘昆传》。

良廉智，位至三公。①

钟离意，字子阿，会稽山阴人。年轻时在郡中做督邮。太守认为他很贤能，于是让他在县里做事。汉光武建武十四年，会稽郡发生大瘟疫，上万人死亡，钟离意独自一人，亲自抚恤灾民，筹集分发医药，所属百姓多借此才得以保全并度过灾难。

后钟离意被推荐为孝廉，第二次提升，被征召入大司徒侯霸府中，朝廷诏令他负责押送囚犯到河内府，时逢冬天寒冷，犯人染病不能前进。路过弘农时，钟离意转移到属县让其为犯人制作衣服，属县不得已把衣服交给他，却上书汇报了事情的经过，钟离意也详细汇报了事情的经过。光武帝得到汇报后，把它拿给侯霸看，并说："你任用的属下用心怎么这么仁慈！确实是良吏呀！"钟离意竟然在道路上除去了犯人的枷锁，放纵他们去自己想去的地方，与他们约定日期，他们按时到达，没有一个人违期。回来后他因病免官。

钟离意后又被任命为瑕丘县令，有一个叫檀建的小吏，在县中盗窃，钟离意屏退众人，向他询问实际情况，檀建叩头服罪，钟离意不忍施加刑罚，就让他长期休假。檀建的父亲听说此事后，为儿子备下酒，对他说："我听说无道之君用刀杀人，有道之君以义杀人，你有罪，这是命呀！"于是令檀建服药而死。此后，钟离意改任堂邑县令，县里人防广为父亲报仇，被送入监狱，他的母亲又病死，防广哭泣不吃饭，钟离意同情他，于是允

---

① 《史记》卷百二十一《儒林列传》之《伏生传》。

许防广回家，使他能够殡殓母亲，县丞及其他属吏都争论以为不可，钟离意说："如果获罪，归于我一人，决不连累大家。"于是将防广放走，防广殡殓母亲后，果然回来入狱，钟离意暗中向上级汇报，防广最终得以减免死罪。

汉章帝即位后，钟离意被征拜为尚书，当时交趾太守张恢，因贪赃千金，被召回处死，把家庭资财登记没收入大司农府，皇帝下令将赃款赐予群臣，钟离意分得珠宝，全部放在地上且不拜谢。皇帝感到奇怪并询问原因，钟离意回答说："我听说孔子忍住饥渴而不喝盗泉之水，是厌恶它的坏名声，这些不干净的赃款，确实不敢接受。"皇帝叹息说："尚书的话太清廉了！"于是改用府库里的三十万钱赐予钟离意，调官做尚书仆射。

当时，皇帝下诏赐予投降的胡人后代细绢，负责文案的尚书把细绢数量的十误写为百，皇帝看到司农呈上的文章，大怒，召来尚书郎，准备杖打他，钟离意于是进来叩头说："失误，常人都能够容忍，如果把懒散大意当作过失，那么我的职位高，罪责应较重；尚书郎职位低，罪责应轻一些，错误全在我一人，我应当首先被定罪。"于是，他脱去衣服接受杖打。皇帝怒意消除，让钟离意戴好帽子并赦免了尚书郎。钟离意做官五年，用仁爱感化人，百姓多富足，后因长久得病死于任职期间。遗言上书陈升平之世，难以急化，宜少宽假。

刘宠，字祖荣，是东莱郡牟平县人，齐悼惠王的后代。悼惠王儿子孝王将闾的少子封牟平侯，他的子孙就迁居牟平。刘宠的父亲刘丕，很有学问，人们称是儒学大家。刘宠年轻时随父亲学习，因精通经学被荐举为孝廉，授东平陵县令。因为仁爱惠民被吏民爱戴。母亲患病，他弃官回家。百姓送他，连道路也堵塞了，车子不能前进，于是他穿着便服悄悄地离开。

后来，他四次迁升担任豫章太守，又三次升迁担任会稽太守。山里的老百姓朴实拘谨，有的竟然从小到老都没有进过集市城镇。他们往往被官吏欺诈。刘宠除去那些烦琐的规章制度，禁止部属扰民等不法行为，郡中秩序井然，老百姓安居乐业，他被征召任为将作大匠。山阴县有五六个老翁，眉毛头发都发白了，从若邪山谷间出来，每人拿着百钱，送给刘宠。刘宠安慰他们说："各位父老何必这样呢？"老翁们回答说："山谷里无知识的人，没有见过郡守。别的太守在任时，派官吏到民间搜求财物，白天黑夜不断，有时狗叫通宵，百姓不得安宁。自从您到任以来，夜里听不见狗叫声，百姓看不到官吏。我们年老（难得）逢此太平盛世，现在听说您要离开我们而去，因此我们特意来奉送。"刘宠说："我的政绩哪里像您几位长者所说的那样好呢？你们辛苦了啊！"于是在各人的钱中挑了一枚大的接受了。

后来刘宠调任宗正、大鸿胪。延嘉四年，代黄琼为司空，因为天气阴气超过了阳气而免官。不久，被授予将作大匠，再任宗正。建宁元年，代王畅为司空，接连任司徒、太尉。建宁二年，因测算日食有误而免官，回归乡里。

刘宠前后连任郡太守，多次任卿相要官，但清廉朴素，家里没有多少资财。他曾经自京师外出，想在亭舍休息，亭吏阻止他说："我们整顿屋舍，打扫干净，专门等待刘大人到来，您不得在这里休息。"刘宠没有说话就走了,当时人称他为长者。刘宠因年老病死在家里。

张欧、钟离意、刘宠等能清正廉洁,爱民如子,在所治理的地方施行仁政惠民,百姓安居乐业,得到百姓的拥戴爱护,体现了官民鱼水之情。水能载舟,亦能覆舟。治者如船,老百姓如水,水既能让船安稳地航行,也能将船推翻吞没,沉于水中。明白了这个道理,执政者、治理者、官员才会真正地对民众产生敬畏之心、依附之情,才能做到"情为民所系,利为民所谋,权为民所用"。一副对联说得好:"得一官不荣,失一官不辱,勿道一官无用,地方全靠一官;穿百姓之衣,吃百姓之饭,莫以百姓可欺,自己也是百姓。"

综上所述,所以作为长者,必须要符合道德条件的,就是道德修养高。于己,则要修身养性,诚信忠厚、宽仁爱人;于国,忠君爱国,治为典范。一句话概括就是:"穷则独善其身,达则兼善天下","得志则造福天下百姓,不得志则洁身自好拒腐败"。

当然瑕不掩瑜,不能说作为长者,一点道德问题都没有,如虽说周勃是长者,却有嫉贤妒能的记载。《汉书·贾谊传》载:"绛、灌、东阳侯、冯敬之属尽害之,乃毁谊曰:'雒阳之人年少初学,专欲擅权,纷乱诸事。'"周勃等诋毁贾谊,致使文帝疏远贾谊,周勃是怀有政治私心的。但相对于周勃一生忠君事主辅立汉室的主要方面来说,诋毁贾谊就成为非常次要的方面了。周勃堪称人臣之典范,作为长者,实至名归。

(三) 年龄条件

　　能否被称为长者，并没有明显的年龄限制条件。依据附表表六、表七、表八所统计的长者，可以分析，长者的人物中年龄最小的当属赵王张敖、皇太子刘庄及山阳王刘荆。先说赵王张敖，张敖在汉高祖五年嗣爵为赵王，其后娶鲁元公主。汉七年，高祖过赵时，以子婿礼服侍刘邦，并且非常周到谦恭，没有得到嘉奖，反遭刘邦辱骂，属臣为张敖不平，引起祸乱。在调查时，张敖被属臣尊称为长者。此时张敖的年龄是多大呢？我们知道，在古代，各朝代成婚的年龄规定并不相同。春秋时期，男子二十岁加冠，女子十六岁及笄，即可结婚。《汉书·惠帝纪》中就明文记载："女子年十五以上至三十不嫁，五算。"男子结婚一般大于女方。张敖此时业已成婚二年，并能处理政事，年龄应在二十岁左右。再说皇太子刘庄，生于公元28年，公元43年（建武十九年）立为皇太子，就是说刘庄十五岁左右被立为皇太子。山阳王刘荆，建武十五年封山阳公，十七年晋爵为王。所以皇太子刘庄及山阳王刘荆被梁松尊为长者之时，至少在建武十九年以后了。建武年号共用三十二年，"建武中"应大致处在建武十三年至建武二十二年之间了，此时的刘庄应处于十八九岁的年龄，而刘荆的年龄应在十六七岁。赵王张敖，皇太子刘庄及山阳王刘荆三人在二十岁左右就被尊为长者，年龄似乎太小了点。不过他们应为特例,他们都借助父荫,各自父亲不是皇帝就是诸侯王,地位显赫。其他长者,如周勃、卫绾、黄霸等,自然没有这样的优势条件,必将付出更多的努力,耗去更多的年华,才能取得令人尊敬的社会地位,年龄自然更大。联系到古有三十而立之说,在被称为长者之时,年龄至少在三十岁左右,甚至四十来岁,而非二十岁左右。举一个例子,长者袁盎在文帝即位时得到兄长保举,任为中郎,此时袁盎至少在二十岁左右。①"及孝文帝即位,盎兄哙任盎为中郎。"文帝在位二十三年,景帝继位,此时袁盎应在四十岁左右,其后袁盎参谋政事,开罪梁王,梁王指派刺客杀袁盎,刺客认为袁盎是长者,竟不忍杀袁盎。刺客说:"臣受梁王金来刺君,君长者,不忍刺君。"② 袁盎被称为长者之时应在 40 岁以上了。

在两汉时期,被尊称为长者是有条件的,概括起来主要有三个。第一个是有权势条件。长者出身于官僚家族,或自身有为官经历,或正在为官,或是官僚掾属宾客等,与权势有着直接或间接的联系,社会身份打上深深的权势烙印。第二个是道德条件。单有权势是很难被认可为长者的,作为长者除了拥有权势之外,还必须有比较高的道德修养,且有所偏重。第三个是年龄条件,至少在 20 岁,这一年龄,能进行独立的社会活动,通过努力,还是能够取得一定的社会地位,获得社会认可的。

---

① 注:郎官一般都已成年。
② 《史记》卷百〇一《袁盎晁错列传》之《袁盎传》。请参见本传以了解袁盎生平从政事迹。

以上三个条件，是认定长者的标准。当然作为长者，可能还需要一定的体貌特征。《后汉书·任光传》曰：

> 任光字伯卿，南阳宛人也。……会光禄勋刘赐适至，视光容貌长者，乃救全之。①

从描述上看，是因任光"容貌"不一般，而被认为长者，说明长者可能还需要一定的体貌特征，呈现一种积极向上的精神状态。

---

① 《后汉书》卷二十一《任李万邳刘耿列传》之《任光传》。

二、长者指称及其社会性分析

（一）长者指称频率变化及其反映的长者群体地位兴衰

表2-1 前四史中长者指称词语使用频率统计表

史记	汉书	后汉书	三国志
64	49	44	10

其中《史记》中，约11次属于先秦时期。参见附表。

表2-2 先秦、秦、西汉、东汉、三国时期长者指称词语使用频率统计表

先秦	秦	西汉	东汉	三国
11	10	49	44	10

说明：为便于统计比较，楚汉战争时期归于秦时期。参见附表。

从史书来看，《史记》中长者指称使用的频率最多，达64

次,其次是《汉书》49次,再次是《后汉书》44次,最后是《三国志》10次,依次是越来越少,发生衰减的幅度越来越大。而从历史时期来看,先秦、秦及三国时期分别为11次、10次与10次,两汉最高,长者指称出现的频率为西汉49次,东汉44次。从统计学上看,长者一词在两汉时期使用的频率最多,反映在两汉时期,长者的影响力处于鼎盛、成熟时期,而先秦、秦时期处于发展期,三国时期处于衰落时期。

(二) 长者指称的社会性分析

研究长者,离不开研究长者的社会关系与社会活动,即研究长者的社会性。以往的研究,大都是通过研究人物个体的社会关系与社会活动的具体历史事实,从这些具体的客观的层面来研究人物的社会性,这里试图通过考察长者在史书记载中的前后词语搭配的变化这一微观层面,来研究长者的社会性。这些词语搭配的不同,是对长者社会关系与社会活动的宏观概括,同样说明长者的社会性。

1. 长者的前后词语搭配

在前四史指称长者的词语搭配中,呈现多种词语搭配变化,这些搭配变化从一定程度描述了长者群体社会参与性、渗透性及影响力的不同特征：道德修养、权势、势力范围（影响范围）等。下面以描绘长者的不同社会特征为区分依据，对长者的前后词语搭配的不同组合进行分类，为长者的社会性特征分析提供铺垫。

第一组类，突出长者的道德属性。《史记》：宽大长者、重厚长者、诚长者、爱人长者、君子长者、长者士之有节行者；《汉书》：谨厚长者；《后汉书》：清德长者。

（1）宽大长者

当是时……独沛公素宽大长者……楚军出兵击王离，大破之。①

（2）重厚长者

择郡国吏木诎于文辞，重厚长者……以为常。②

（3）诚长者

御史大夫张叔者，名欧……自欧为吏，未尝言案人，专以诚长者处官。……其爱人如此。③

---

① 《史记》卷八《高祖本纪》。
② 《史记》卷五十四《曹相国世家》。
③ 《史记》卷百〇三《万石张叔列传》之《张叔传》。

(4) 爱人长者

北宫伯子以爱人长者。①

(5) 君子长者

代王母家薄氏，君子长者；且代王又亲高帝子，于今见在，且最为长。②

敦厚慈孝，讷于言，敏于行，务在鞠躬，君子长者。③

(6) 长者士之有节行者

绛侯、灌将军等曰：……于是乃选长者士之有节行者与居。④

(7) 谨厚长者

择郡国吏长大，讷于文辞，谨厚长者，即召除为丞相史。⑤

---

① 《史记》卷百二十五《佞幸列传》。
② 《史记》卷五十二《齐悼惠王世家》。
③ 《史记》卷百三十《太史公自序》。
④ 《史记》卷四十九《外戚世家》之《窦氏传》。
⑤ 《汉书》卷三十九《萧何曹参传》之《曹参传》。

（8）清德长者

穆前在冀州，所辟用皆清德长者，多至公卿、州郡。①

第二组类，突出长者权势。《史记》：大人长者；《汉书》：富人长者。

（1）大人长者

郦食其（谓）[为]监门，曰："诸将过此者多，吾视沛公大人长者。"②

（2）富人长者

费用皆仰富人长者，然身衣服车马才具，妻子内困。专以振施贫穷赴人之急为务。人尝置酒请涉，涉入里门，客有道涉所知母病避疾在里宅者。③

第三组类，突出长者的影响范围。《史记》：诸陵长者长安中贤大夫；《汉书》：天下长者，闾里以为长者；《后汉书》：三辅长者、京师长者、海内长者、京都长者、世称为长者、时人称其长

---

① 《后汉书》卷四十三《朱乐何列传》之《朱穆传》。
② 《史记》卷八《高祖本纪》。
③ 《汉书》卷九十二《游侠传》之《原涉传》。

者、京师称为长者、海内称为长者。

（1）诸陵长者

　　长安中贤大夫……诸陵长者长安中贤大夫争附两人，车随者日数百乘。①

（2）天下长者

　　每朝，候上间说，未尝不言天下长者。②

（3）三辅长者

　　每言及三辅长者，下至闾里少年，皆可观听。③

（4）京师长者

　　援谓姊子曹训曰："王氏，废姓也。子石当屏居自守，而反游京师长者，用气自行，多所陵折，其败必也。"注：长者谓豪侠者也。④
　　魏朗字少英，会稽上虞人也。少为县吏。兄为乡人所

---

① 《史记》卷百〇一《袁盎晁错列传》之《袁盎传》。
② 《汉书》卷五十《张冯汲郑传》之《郑当时传》。
③ 《后汉书》卷二十四《马援列传》。
④ 《后汉书》卷二十四《马援列传》。

杀，朗白日操刃报仇于县中，遂亡命到陈国。从博士郄仲信学春秋图纬，又诣太学受五经，京师长者李膺之徒争从之。①

(5) 海内长者

永和元年，拜太尉。在位恭慎，自非公事，不通州郡书记。其所辟命，皆海内长者。②

(6) 京都长者

延熹中，京都长者皆着木屐；妇女始嫁，至作漆画五采为系。……灵帝建宁中，京都长者皆以苇方笥为□具，下士尽然。③

(7) 闾里为长者

敞既视事，求问长安父老，偷盗酋长数人，居皆温厚，出从童骑，闾里以为长者。④

---

① 《后汉书》卷六十七《党锢列传》之《魏朗传》。
② 《后汉书》卷五十六《张王种陈列传》之《王龚传》。
③ 《后汉书》志第十三《五行》一。
④ 《汉书》卷七十六《赵尹韩张两王传》之《张敞传》。

(8) 海内称为长者

　　宽简略嗜酒，不好盥浴，京师以为谚。……海内称为长者。①

(9) 京师称为长者

　　颍但谢罪，不敢言枉，京师称为长者。起于徒中，复拜议郎，迁并州刺史。②

(10) 时人称其长者

　　（刘）宠前后历宰二郡，累登卿相……宠无言而去，时人称其长者。以老病卒于家。③

(11) 世称为长者

　　延字伯行，北海人，后为京兆尹，有理名，世称为长者。④

---

① 《后汉书》卷二十五《卓鲁魏刘列传》之《刘宽传》。
② 《后汉书》卷六十五《皇甫张段列传》之《段颎传》。
③ 《后汉书》卷七十六《循吏列传》之《刘宠传》。
④ 《后汉书》卷七十八《宦者列传》之《侯览传》。

二、长者指称及其社会性分析 | 59

第四组类：突出长者的权势特征。《史记》：豪长者；《汉书》：贵人豪长者；后汉书：宗室长者。

（1）豪长者

至其时，西门豹往会之河上。三老、官属、豪长者、里父老皆会，以人民往观之者三二千人。……欲复使廷掾与豪长者一人入趣之。①

（2）贵人豪长者

中贵人豪长者为请无不至，终无所听。②

（3）宗室长者

初，诏令公孙瓒讨乌桓，受虞节度。……以虞宗室长者，欲立为主。③

2. 长者的社会特性分析

第一类组合中，长者与表示人品道德的词语宽大、重厚、谨

---

① 《史记》卷百二十六《滑稽列传》之《西门豹传》。
② 《汉书》卷七十六《赵尹韩张两王传》之《赵广汉传》。
③ 《后汉书》卷七十三《刘虞公孙瓒陶谦列传》之《刘虞传》。

厚、诚、爱人、清德等结合，由这些词语修饰说明长者应具有谨慎、忠厚、仁爱、诚信、宽大、清正、廉洁的品德。

通过比较我们会发现，西汉与东汉形容长者道德的品性词是有变化的。西汉（主要是前期）长者的道德修辞重在非政治化的个人品行修养，如宽大、重厚、谨厚、诚、爱人等，而东汉（主要是后期）长者的道德修饰词重在政治道德修养，如清德。西汉曹参选官"重厚长者""谨厚长者"，与东汉朱穆选官"清德长者"形成鲜明的对比。这一变化是两汉社会政治思想和政治环境发生变化的生动反映。西汉统治初期，统治者奉行"无为而治"的黄老思想，即在政治实践中，在政治、经济、文化等各方面尽量采取不干预政治，只需要政治家"无言"而治，进行道德示范，以身作则，起到教化作用就行。曹参为齐丞相时，"其治要用黄老术，故相齐九年，齐国安集，大称贤相"。后迁为汉廷相时，"不治事"，而国治民安。百姓用民歌赞之"载其清净，民以宁一"①。万石君家"驯行孝谨"，"不言而躬行"，一门高官。景帝时"官皆二千石"，武帝时，少子石庆"为齐相，举齐国皆慕其家行，不言而齐国大治，为立石相祠"，后累至丞相。② 汲黯"学黄老之言"，为东海太守时，"治官理民，好清静，择丞史而任之。其治，责大指而已，不苛小。黯多病，卧闺合内不出。岁余，东海大治"③。

---

① 《史记》卷五十四《曹相国世家》。
② 《史记》卷百〇三《万石张叔列传》之《万石君传》。
③ 《史记》卷百二十《汲郑列传》之《汲黯传》。

到汉武帝时，黄老思想渐次被儒家思想取代，由清静无为的政治转向"有为"政治，文治武功全面开展，在政治、经济、文化、军事等各方面采取全面干预措施。这要求政治家不仅要道德修养较高，还要求有治国安邦的实际才能。与之相适应，政治家的道德要求，从非政治化的个人品行修养向公正廉洁、忠君爱国的政治道德转化。

东汉后期，外戚和宦官专权，政治黑暗，天灾人祸不断，民不聊生，时有起义发生。统治集团内部出现了分裂，朝廷上出现了一批反对外戚与宦官专权的官僚，他们与在野士大夫和太学生结成一体，抨击时政，而最主要的手段就是"清议"。对朝廷施政的利弊、官吏人品的高低以及吏治的清浊等进行评论，希望朝廷任用公正廉洁的官吏。"清"成为当时社会评议的关键词。对官员人品高洁、正直、清廉进行褒扬，谓之"清流"官，反之谓之"浊流"，最终导致"党锢之祸"。

朱穆的政治生涯主要处于东汉后期的顺帝与桓帝朝，其极痛恨当时腐朽黑暗的统治，并用实际行动与当时阴暗的社会政治抗争。桓帝永兴元年，朱穆任冀州刺史，任官皆"清德长者"。

第二类组合中，长者与描述一定的社会群体的词语大人、富人等相结合，这些词或与长者是并列结构，即同义互指，《史记》中是有很多同义词语连用的现象①，或为偏正结构作为形容词修饰长者。大人与富人，他们都代表着一定的社会政治、经济、文

---

① 罗正坚：《〈史记〉中的同义词语连用》，载《安徽大学学报（哲学社会科学版）》，1994年第1期，第75—80页。

化势力。

（1）大人

"大人的含义较多，如指家父、长者、贵族、官僚等。除此之外、大人还用来指称豪族。"① 崔向东先生有比较简明精确的论述，在此不再述及。其含义除指家父外，"长者、贵族、官僚、豪族"都指的是一定的社会政治集团或势力。郦食其称刘邦为"大人长者"②，《后汉书·马援列传》解释"京师大人"时曰："大人，长者之称也。"③ 因此，"城中大人"④ 与"京师大人"都指的是长者。

（2）富人

根据崔先生对两汉"富人"的解释："富人是豪族的一种指称。"⑤ 可以认为，"富人长者"的语汇应用，说明长者与豪族在某种程度上的相互类同与依存，或同义互指。

所以，大人或富人与"长者"连用，不管是用以代表与长者相区别的另类社会势力，还是与"长者"相结合发展成一类新的社会势力，不容质疑，都反映长者是作为一股社会政治、经济、文化势力存在，并发挥作用的。长者发展成为与贵族、官僚、豪族并行的社会势力，相互渗透，相互依存。

第三类组合中，诸陵、长安、天下、三辅、海内、京都等是

---

① 引用及参考，崔向东：《汉代豪族研究》，崇文书局2003年版，第62页。
② 《史记》卷八《高祖本纪》。
③ 《后汉书》卷二十四《马援列传》。
④ 《后汉书》卷二十六《伏侯宋蔡冯赵牟韦列传》之《赵意传》。
⑤ 崔向东：《汉代豪族研究》，崇文书局2003年版，第52页。

地域或地名，是对长者的影响范围和活动区域作地域性的限定描述。这些区域要么代表全国，要么是指某一地区，说明长者在一定地区范围内发挥社会作用。长者是一支重要的地方社会势力，并大都集中在国家的政治核心区域，其活动所产生的影响将更大，具有极强的扩散效应。

第四类组合中，长者与"豪"相结合。"豪"既可指一类人——"豪族"，也可用作形容词修饰"长者"，作强势解。宗室长者，则明显反映长者在宗室中的影响力。

三、长者对两汉政治的影响

（一）长者与两汉政治

1. 长者与政治思想的关系

（1）长者是黄老思想政治理想的实践者——亲民务实，稳定发展

汉初，占统治地位的政治思想是黄老思想，主张清静无为，与民休息。"无为而治"下的汉初政治，其主要特点就是"顺民之情与之休息"。主要政策有三：一是倡导节俭节约，反对浪费侈奢，王室带头做榜样；二是鼓励农耕，轻徭薄赋，发展农业生产，提高农民收入，如提高粮价；三是轻刑慎罚，广施仁政。汉代"无为而治"的典型代表当推曹参。惠帝元年（前194年）曹

参为齐相，他在治理齐国的指导思想上就是按照盖公的"黄老术"而进行的。对于其就任齐国宰相的九年，一些史料曾对曹参为相的影响有着这样的记载："相齐九年，齐国安集。"后来，萧何去世，曹参继任汉相国，也是用在齐国的办法治国，"出入三年"，"天下俱称其美"。所谓"休息无为"包括下列几个内容：①遵循旧制，举事无所变更。曹参为相时，无所建树，一切皆遵循萧何所制之法，不加变更。这是适合刚刚稳定下来的汉初社会情况的。经过长期战乱后，人们需要安定，不希望无休止地变动。所以，曹参无所改动并取得了良好的效果。②少干预属下事，无扰民。曹参代萧何为相，当他要离开齐国奔赴长安之前，对接任齐相说："以齐狱市为寄，慎勿扰也。"这是他唯一的嘱咐，意思是说，"不必干涉下属的活动，不要过细苛察"。③择吏以"厚重长者"为标准。曹参对下属官吏不究细过，这也是对秦"专任刑罚"矫枉过正的做法。这些做法对刚刚"离秦之酷"的百姓来说，是非常合适的。所以史称"参与休息无为，故天下俱称其美矣"。以曹参为代表的一批统治者，皆是这样"填以无为，从民之欲，而不扰乱"，从而形成了这一时代的政治之风。概括起来就是"不折腾、不扰民"，让社会在休养生息中得到发展。

这一思想历经汉高祖刘邦、汉惠帝刘盈、高后吕雉、汉文帝刘恒、汉景帝刘启以及汉武帝刘彻统治初期的七十余年执行不变。与之相适应，在官吏选拔任用上也秉承这一用人原则，如对长者代表人物萧何、曹参、陈平、卫绾、万石家族（石奋、石建、石庆）的任用，以期实施以黄老思想为指导的基本国策。其后这些长者们的政治实践活动,也力图实现黄老思想的政治理想。具体表现在,他们在治国方法上,践行无为而治;而在个人修养上以身作则,以引导良好的社会道德风气。萧何早年"以文无害",及为汉相"何谨守管钥,因民之疾法,顺流与之更始",为人"素恭谨"。① 曹参为汉齐相时"其治要用黄老术,故相齐九年,齐国安集,大称贤相"。后来官拜汉相,"参代何为汉相国,举事无所变更,一遵萧何约束"。而所选用丞相官吏多"木诎于文辞,重厚长者","不事事"成为曹参的管理风格②。陈平"少时,本好黄帝、老子之术","常出奇计,救纷纠之难,振国家之患"。③ 陈平为汉之贤相。卫绾④"初官以至丞相,终无可言","郎官有谴,常蒙其罪,不与他将争;有功,常让他将"。"上以为廉,忠实无他肠",为人"醇谨无他"。万石君一家"以孝谨闻乎郡国,虽齐鲁诸儒质行,皆自以为不及也"。为官则"不言而躬行",及石庆为相,在位九年,"无能有所匡言"。他们为官治国、为人修身无不是黄老思想的实践者。万石君一门在景帝时"石君及四子皆二千石,人臣尊宠乃集其门"。而武帝建元二年"皇太后以为儒者文多质少,今万石君家不言而躬行,乃以长子建为郎中令,少子庆为内史",更是黄老思想执政理念登峰造极的体现,其后石庆更官至丞相,一门三公九卿兼而有之。⑤

---

① 《史记》卷五十三《萧相国世家》。
② 《史记》卷五十四《曹相国世家》。
③ 《史记》卷五十六《曹相国世家》。
④ 《史记》卷百〇三《万石张叔列传》之《卫绾传》。
⑤ 《史记》卷百〇三《万石张叔列传》之《万石君传》。

汉初政治家、思想家陆贾在《新语·至德》论述黄老思想的治理图景时说："君子之为治也，块然若无事，寂然若无声；官府若无吏，亭落若无民，闾里不讼于巷，老幼不愁于庭……不言而信，不怒而威……"并在《新语·无为》说："道莫大于无为，行莫大于谨敬"。比较汉初萧何、曹参、陈平、卫绾、万石家族（石奋、石建、石庆）的言行，与陆贾所描述的是何等的相似。他们作为国家政策的决策者与执行者，有几个共同点。一是熟知国情，能抓住稳定和发展的主线；二是保证国家政策执行的延续性；三是务实亲民，不夸夸其谈，很有今天所说的"空谈误国、实干兴邦"之意。

所以说，汉初的长者是黄老思想政治理想的实践者。

（2）儒学的政治实用性推动长者儒学化

黄老思想基本是一种"放任自由"的思想，表现在国家对政治、经济、军事、思想文化等领域社会控制程度的容忍与妥协。这一政策虽然使汉初的社会经济得到了恢复与发展，但同时也给汉帝国埋下了深深的统治隐患，帝国内部及周边涌动各种威胁君主权力的异端势力。

首先是到汉武帝时，政治上诸侯势力依然强势，蔑视朝廷，有犯上作乱之嫌。在吴楚之乱后，他们虽不再与汉廷分庭抗礼，但也是阳奉阴违。西汉自文、景两代起，如何限制和削弱日益膨胀的诸侯王势力，一直是封建皇帝面临的严重问题。文帝时，贾谊鉴于淮南王、济北王的谋逆，曾提出"众建诸侯而少其力"的建议。文帝在一定程度上接受了这一建议，但没有完全解决问题。汉景帝即位后，采纳晁错的建议削藩，结果吴楚七国以武装叛乱相对抗，史称"七国之乱"。景帝迅速平定了叛乱，并采取一系列相应的措施，使诸侯王的势力受到很大的削弱。但至武帝初年，一些大国仍然连城数十，地方千里，骄奢淫逸，抗命，威胁着中央集权的巩固。《史记·平津侯主父列传》载主父偃劝说汉武帝："古者诸侯不过百里，强弱之形易制。今诸侯或连城数十，地方千里，缓则骄奢易为淫乱，急则阻其强而合从以逆京师。今以法割削之，则逆节萌起，前日晁错是也。今诸侯子弟或十数，而适嗣代立，余虽骨肉，无尺寸之地封，则仁孝之道不宣。愿陛下令诸侯推恩分子弟，以地侯之。彼人人喜得所愿，上以德施，实分其国，不削而稍弱矣。"其后，汉武帝推行"推恩令"，推恩令吸取了晁错削藩令引起七国之乱的教训，规定诸侯王除以嫡长子继承王位外，其余诸子在原封国内封侯，新封侯国不再受王国管辖，直接由各郡来管理，地位相当于县。这使得诸侯王国名义上没有进行任何的削蕃，避免激起诸侯王武装反抗的可能。于是"藩国始分，而子弟毕侯矣"，导致封国越分越小，势力大为削弱，从此"大国不过十余城，小侯不过十余里"。规定诸侯王死后，嫡长子继承王位，其他子弟分割王国部分土地为列侯，列侯归郡统辖。允许诸侯王推"私恩"把王国土地的一部分分给子弟为列侯，由皇帝制定这些侯国的名号。按照汉制，侯国隶属于郡，地位与县相当。因此王国析为侯国，就是王国的缩小和朝廷直辖土地的扩大。推恩令下后，王国纷请分邑子弟，"于是藩国始分，而子弟毕侯矣。"朝廷"不行黜陟而藩国自析"。

武帝以后，王国辖地不过数县，其地位相当于郡。这样，诸侯王强大难制的问题，就进一步解决了。

推恩令的颁布推行，巧妙地解决了诸侯势力尾大不掉的问题，王国式微，加强了中央权力。

其次，社会上豪杰游侠等各种民间势力抬头发展，侵蚀国家的统治权力，威胁国家对社会的整体控制，尤其是基层的控制，相对于中央王权来说，这是一股社会分裂势力。汉代社会秩序中最重要的是地方上的领袖，也就是所谓的游侠、豪杰之辈。如《史记·游侠列传》中的郭解，"以匹夫之细，窃杀生之权"，可以指挥地方官，决定某人是否要当徭役，又能够为人排解纠纷，俨然成为一种公权力。虽然汉中央力求政府和民间秩序能够结合，仅丞、尉以上的官员由中央派任，地方统治机构郡县县掾以下的吏及乡官皆是由本地人担任，但是一般地方的行政事务还是必须交托由乡亭组织和"三老"来处理。乡亭组织和三老是地方上比较正式且合法的组织。不过，像游侠、土豪这一类的人已成为地方上官吏无法控制的力量，并且对于一般百姓以及自己的隶属者有着一股强大的社会约制力。对于汉代游侠、豪杰何以能成为一种社会现象提出了"小家庭制"的解释：汉初沿袭自商鞅以来的小家庭制，就是男子成年后必须分户的规定。由于家族的组成形态是小家庭，个人并不像后世以世家大族作为社会团体来寻求个人的保护和帮助。而战国时代封建社会崩坏，个人从封建中游离出来，自然游侠集团就成了掩护个人的结合体。这也就是说汉初地方社会秩序的基层结构是由游侠集团来维持的。当然，这些集团的领袖如同今日的黑社会领导者一样，必然是中央政权所极欲铲除的对象。《史记·游侠列传》的主要人物——郭解，作为代表。郭解在年轻时无恶不作，杀人、偷铸钱、盗墓等坏事都曾干过，不过郭解的运气很好，没有被杀害，又遇到天下大赦，后来才得以成为游侠。郭解的势力极大，不但是地方事务的仲裁者，也是行为的标准，举个例子来看：

> 解姊子负解之势，与人饮，使之嚼。非其任，强必灌之。人怒，拔刀刺杀解姊子，亡去。解姊怒曰："以翁伯之义，人杀吾子，贼不得。"弃其尸于道，弗葬，欲以辱解。解使人微知贼处。贼窘自归，具以实告解。解曰："公杀之固当，吾儿不直。"遂去其贼，罪其姊子，乃收而葬之。诸公闻之，皆多解之义，益附焉。

地方上的私斗杀人事件，竟然是由游侠来裁决，而非交由官方处理，可以看得出郭解在地方上的威望。此外，游侠处理事情的能力与公正无私的态度，也是获得地方人士称赞、信服的一大原因。郭解既能裁决地方上的刑事案件，权力远胜过地方官吏自是可想而知。郭解出入时，人人都会自动回避，曾经有人"独箕踞视之"，差点被郭解的门客击杀。郭解"乃阴属尉史曰：是人，吾所急也，至践更时脱之"。也就是免除了此人的徭役，后来"箕踞者乃肉袒谢罪"，"少年闻之，乃益慕解之行"。郭解不但是权力的象征，更是道德的标准及受人仰慕的对象。即使是像郭解这样影响力量遍及全国的游侠，郭解也还是尊重其他游侠的势力范围。例如雒阳地方有仇家要求调解，当地贤豪无法解决，后来郭解出面了，解乃谓仇家曰："吾闻雒阳诸公在此间，多不听者。今子幸而听解，解奈何乃从他县夺人邑中贤大夫权乎！"乃夜去，不使人知，曰："且无用，待我去，令雒阳豪居其间，乃听之。"郭解不但劝告他们接受当地豪侠调解，而且不公开露面，真是给足了当地贤豪者相当的面子。但是"之旁郡国，为人请求事，事可出，出之；不可者，各厌其意，然后乃敢尝酒食"。郭解并不会轻易到其他地方帮人请托事情的。此外，"解执恭敬，不敢乘车入其县廷"。郭解并没有因为他的势力很大，就对官方有不敬或是公然对抗的情事。汉初中央政权并未深及地方，游侠在地方上强固的人际关系就成为统治者爱恨交加的一大问题。不论中央或地方官员，均极欲拔除之，但又经常不得不利用之。吴楚七国之乱时，前去征讨的太尉周亚夫，乘传车将至河南，得剧孟，喜曰：吴楚举大事而不求孟，吾知其无能为已矣。天下骚动，宰相得之若得一敌国云。当剧孟的母亲过世，自远方送丧盖千乘，真够风光的了；而当汉武帝欲"徙豪富茂陵"时，游侠郭解也在被徙者之列，竟能使得中央高官在武帝面前说情，最后虽然还是得迁徙，但得到了当地"诸公送出者千余万"的金钱。由此就不难体会出游侠所能掌握的人际关系是如何的强固。游侠的势力范围有时不仅仅只限于地方，更有甚者，如郭解，他的影响力不仅在地方，甚至在中央都有一定的力量，《史记·游侠列传》中记述：及徙豪富茂陵也，解家贫，不中訾，吏恐，不敢不徙。卫将军为言：郭解家贫不中徙。上曰："布衣权至使将军为言，此其家不贫。"解家遂徙。汉武帝打算"徙豪富茂陵"时，郭解竟能使大将军帮他讲话，也难怪汉武帝会不肯相信郭解的生活贫困了。且当"解入关，关中人知与不知，闻其声，争交驩解"。郭解的声名远播，而且不因为他被迫迁徙而顿减。

后来，郭解被诛杀，拉开了汉武帝打击地方势力的序幕。但同时地方社会秩序也遭到破坏，需要重建。

再次，匈奴边患，大兵压境，威逼汉廷，退让和亲都非长久之计，必须集全国之力，整军备战，打击匈奴，以消除边患，这就需要对全国进行政治、经济、思想文化的统一整合。这样，迫于国情需要，经过七十余年的休养生息政策，经济得到了恢复与发展的汉帝国，思想文化上的大一统政策提上统治者的日程，在意识形态领域维护君主的统治地位，别君臣之位，序君臣之礼，在思想舆论上宣扬"忠君爱国"的思想，达到对全体臣民的精神控制，以服务于君主专制。

与此同时，此时的西汉时期，尤其是汉武帝时期开始，国力强盛，击败强大的匈奴帝国，远征西域大宛，臣服西域，收服两越，通西南夷，设立西域"都护校尉"，正式将西域纳入中华版图，正是从西汉开始，奠定了今天中华的版图疆域；西汉是汉朝疆域最大的时期，北极漠北，西逾葱岭，东至朝鲜，南到大海；汉武帝时期，张骞出使西域，开辟了丝绸之路，第一次把中国的目光投向了世界，汉使到达了大宛、康居、大月氏、大夏、安息、身毒（印度）、于阗、扜罙、犁轩（埃及亚历山大港）及诸旁国，开拓了连接欧亚大陆的丝绸之路。其中最远到达的犁靬位于埃及亚历山大港，这是汉朝使节到达的最远国家。欧亚非的丝绸贸易就此成型。

儒家思想经过不断的发展，吸收先秦诸子百家的思想，渐次变得更加完善。儒家先祖孔子的仁义礼治道德，吸收法家的思想，发展成为德主刑辅、儒法并用的政治思想，再经以董仲舒为代表的儒者深刻阐释，提出"大一统"的政治理念，在意识形态与思想舆论上，公开为加强君主专制的中央集权张目，从而集教化系统（教化理论）与权力系统（权力支配）为一体，发展成一套系统的治国化民理论。① 这一时期的儒家思想，试图通过对人的内心意识的控制与规范，排斥任何对君主权力质疑的思想背叛与行为叛乱，满足了统治者的政治需要。那就是从国家版图形式意义上的统一，延展到君主集权意义上的实质统一；从君主权力上的政治权力统一扩展到对臣民思想文化上的统一。最终，从意识形态与思想舆论上打击威胁君主权力的异端势力。

在儒学理论的支持下，为了巩固和完善自己的统治，以适应新的政治形势与社会调整的需要，汉武帝改弦更张，"罢黜百家，独尊儒术"，黄老思想渐次退出政治舞台，儒家思想借机上位。这是儒学与政治统治者双方需要、相互利用的结果。就儒学来说，它需要借助政治权力扩大自己的影响力，使它的政治理想变

---

① 黄朴民：《大一统原则规范下的秦汉政治与文化》，载《学海》，2008年第5期，第28—31页；白华：《汉代儒学官学化的动力及其影响》，载《甘肃社会科学》，2004年第2期，第60—63页。

为现实实践。就国家统治者来说，儒学是实现集权统治的思想工具。因此，在思想上独尊儒术，在官吏选拔上倾向通经入仕。各种社会势力如果要通过正常途径进入国家的权力体系，就必须学习儒学。梁启超分析儒学时说，"严等差，贵秩序，而措施之者，归结于君权……于帝王驭民，最为适合，故霸者窃取而利用之以宰制天下"①。"独尊儒术，表章六经"，儒学成为仕进之学，成为利禄之学。"诸不在六艺之科，孔子之术者，皆绝其道，勿使并进。邪僻之说灭息，然后统纪可一而法度可明，民之所从矣。"②"绌黄老刑名百家之言，延文学儒者数百人"③。顺应时势，长者的思想言行渐次向儒学化转化。那种木质少文、无所作为的品行不再为最高统治者（集团）所接纳。既饱读诗书，又能治国安邦、忠君爱国的人才受到统治集团的青睐。张敞、黄霸文学《春秋》《尚书》，又能治国安邦，国之能臣良吏，能得长者之称，实树人臣官吏之范。

在权力（政治）—思想（文化）的互动体系中，权力（政治）—思想（文化）之间是相互制约相互发展的关系，不过两者始终无法脱离王权支配社会这一支配体系。儒学的官学化，成为长者儒学化的最直接动因。古有"士农工商"民众排位之说，士为万民之首，读书的士人，有着很高的社会地位。儒学官学化后，儒学经典四书五经就成为士人研读的必修书籍。士又是联系

---

① 梁启超：《论中国学术思想变迁之大势》，上海古籍出版社2001年版，第51—52页。
② 《汉书》卷九《元帝纪》。
③ 《史记》卷一百二十一《儒林列传》。

上层官僚统治集团的纽带,"学而优则仕",读好四书五经就可以当官。"士者国家之大宝,功名之本也。"① 所以儒学官学化后,通经成为入仕最便捷的路径,《汉书·儒林列传》曰:"公孙弘以治《春秋》为丞相,封侯,天下学士靡然乡风矣。"长者要进入统治集团官僚集体,也要学习儒家经典。

汉武帝置"五经"博士,"兴大学,置明师,以养天下之士",儒学成为正统的社会思想,被奉为治国理民的政治理念。从此,明经入仕成为长者拜官获禄的重要途径。武帝以后,长者的儒学化进一步发展,发展到东汉最为突出,《后汉书》被敬称为长者的个体,如梁鸿、刘昆、刘宠、刘虞、李膺、卓茂、寇恂、隗嚣等都精通四书五经等儒家典籍。史载如下:

梁鸿:"后受业太学,家贫而尚节介,博览无不通,而不为章句。"(《后汉书》卷八十三《逸民列传》之《梁鸿传》)

刘昆:"少习容礼。平帝时,受施氏易于沛人戴宾。能弹雅琴,知清角之操。"(《后汉书》卷七十九《儒林列传》之《刘昆传》)

刘宠:"宠少受父业,以明经举孝廉,除东平陵令,以仁惠为吏民所爱。"(《后汉书》卷七十六《循吏列传》之《刘宠传》)

---

① 《汉书》卷七十五《眭两夏侯京翼李传》之《李寻传》。

刘虞："注：谢承书曰：'虞父舒，丹阳太守。虞通五经……'"（《后汉书》卷七十三《刘虞公孙瓒陶谦列传》之《刘虞传》）

李膺："膺性简亢，无所交接，唯以同郡荀淑、陈寔为师友。"（《后汉书》卷六十七《党锢列传》之《李膺传》）

卓茂："元帝时学于长安，事博士江生，习诗、礼及历算，究极师法，称为通儒。"（《后汉书》卷二十五《卓鲁魏刘列传》之《卓茂传》）

寇恂："恂素好学，乃修乡校，教生徒，聘能为左氏春秋者，亲受学焉。"（《后汉书》卷十六《邓寇列传》之《寇恂传》）

隗嚣："咸谓嚣素有名，好经书，遂共推为上将军。"（《后汉书》卷十三《隗嚣公孙述列传》之《隗嚣传》）

东汉章帝刘炟："少宽容，好儒术，显宗器重之。"（《后汉书》卷三《肃宗孝章帝纪》）

东汉光武帝刘秀："王莽天凤中，乃之长安，受尚书，略通大义。"（《后汉书》卷一《光武帝纪》）

儒学政治化，使越来越多的长者学习并精通儒家经典，推动了长者的儒学化，长者成为有知识的文化人。发展到东汉，不仅最高统治者如光武帝刘秀、章帝刘炟等学儒通经，文武百官也上行下效，学习儒家经典。"公卿大夫士吏彬彬多文学之士矣。"①此时的长者，摆脱了汉初以来"少文多质"的形象，而以"彬彬多文学"的形象出现在历史的舞台。同时，由于长者研读儒学，为长者践行儒家思想的政治理念奠定了理论基础和知识储备。

2. 长者与官吏选拔制度

（1）两汉的选官制度推动长者官僚化

汉代选官制度主要是察举和辟除，这两种制度为长者官僚化提供制度平台，推动长者官僚化。

察举制是中国古代选拔官吏的一种制度，它的确立是从汉武帝元光元年（公元前134年）开始的。察举制不同于以前先秦时期的世袭制和从隋唐时建立的科举制，它的主要特征是由地方长官在辖区内随时考察、选取人才并推荐给上级或中央，经过试用考核再任命官职。

夏、商、西周实行世卿世禄制。到春秋战国时，统治阶层改革旧有制度，更为了富国强兵，破格任用一些地位低下而才干出众的人。战国时期出现军功爵制度，又兴起养士之风，招揽有才干、善言辞的人才，不论出身，为国君、诸侯服务。到秦代则以辟田和军功为选官依据。但这些都不是完备的选官制度。

到了汉代，为了适应国家统治的需要，建立了一整套选拔官

---

① 《汉书》卷八十八《儒林传》。

吏的制度，名为察举制。察举是自下而上推选人才的制度，也叫选举。汉高祖刘邦首下求贤诏，要求郡国推荐具有治国才能的贤士大夫，开察举制先河。惠帝、吕后诏举"孝弟力田"，察举开始有了科目。

汉代察举制度，严格地说，是从文帝开始，他下诏要求"举贤良方正能直言极谏者"，并且定下了试题和等第。武帝时察举制达到完备，各种规定相继推出。其后，各种科目不断充实，特别是有了统一的选才标准和考试办法。

考试是汉代察举制度的重要环节。被举者经考试后，由政府量才录用，这样既保证了选才标准能贯彻实行，选出真正的人才，还能保证竞争的相对公平，令下层人士有进入国家管理层的可能。

汉代察举的科目，是由少到多不断增加的；增加科目尤以特科为多，是根据对专门人才的需要而设立。这些科目，划一由皇帝确定。按照举期分类，察举的科目可分为常科（每年举行，又称科）与特科两大类。常科有孝廉、茂才（秀才）、察廉（廉吏）、光禄四行；特科又分为常见特科和一般特科。在上述科目中，以岁科为先，其中又以"孝廉"一科为最重要。特科中则以"贤良方正"为最重要。汉文帝时要求举贤良方正，汉武帝时要求举孝廉。如果按照四科标准分类，以"德"为主的有孝廉、孝廉方正、至孝、敦厚等科；以"文法"为主的有明法科；以"才能"为主的有尤异、治剧、勇猛知兵法、明阴阳灾异、有道等科。但所有的科目，都以"德行"为先，在学问上则以儒学为主。

孝廉。在汉代察举常科中，孝廉是最重要的一科，亦得人最多，出了许多名人。孝廉之设，始于汉武帝元光元年诏，"初令郡国举孝廉各一人"。

孝、廉有"孝子廉吏"的意思。"孝"是指孝敬父母；"廉"是指清廉勤政。这是古时对官吏的普遍要求。汉代孝廉，大部分是通儒学的高官及富豪子弟。举孝廉之后，前程远大，升迁较快。孝廉出身的官吏，更被认为是正途、清流，很被看重。起初举孝廉是以郡为单位。东汉时，和帝采纳大臣的建议，改以人口为单位；郡国人口二十万岁（年）举孝廉一人，不满二十万两年举一人，不满十万三年举一人；外围郡国则作适当放宽。后来又采纳左雄建议，限年龄四十岁以上才得举。

茂才，又称秀才。东汉时为避光武帝刘秀，改作茂才（茂材）。汉武帝元封五年下诏："其令州郡察吏民有茂才异等"，这是此科之始，"茂才"多为现任官吏，因本身资历高，多起用为县令。

察廉。"廉吏"是汉代察举岁科之一。"察廉"就是察举廉吏的意思，不是指"孝廉"。被举为"廉吏"者，多为低级官员。被举的"廉吏"，最初都是小官，大概他们忠于职守，特别是为官清廉，才被举主看中，作为察举的对象。

光禄四行。汉元帝永光元年"诏丞相、御史举质朴、敦厚、逊让、有行者，光禄岁以此科第郎从官"。汉武帝（公元前140—前87年）时，改"郎中令"置"光禄勋"，掌管宫廷宿卫及侍从之事，属官有光禄大夫、大中大夫、谏大夫、谒者等。具上述四种品行的，通常是一些忠厚质朴的人，他们老老实实任职，没有什么突出成绩，长时间也没有得到提升，所以设立此科，每年从他们之中选拔一至两人，予以升迁。

贤良方正。古代比较贤明的君主，往往希望有一些公正无私、敢于直言的大臣，能指出自己的不足之处，以便更好地治理国家。

"贤良方正"是最主要的特科，始置于文帝二年（公元前178年），目的是"纳天下言"，即广泛听取对国政的意见。帝王们当时普遍认为，发生天地灾异，是自己犯了过失，即"人主不德，布政不均"。这类目的在于"广开言路"的选才办法，在汉代以后曾长时间实行，后演变为唐代科举的制科之一。到宋代，则以"对策"的方式向全国征求治国之道。

孝弟力田。《汉书》上说："惠帝四年春正月举民孝弟力田者"。汉惠帝下诏选拔有孝悌（悌同弟）的德行和能努力耕作的人为官。"孝悌"是孔子提出的，孝是对父母尽孝，悌是对兄长尊敬。古时候中国人很尊崇孝道，因为它能使社会秩序和谐安定。至于"力田"，因为古代中国是农业社会，以农为本，希望大家勤于耕作，达到家给人足，国家富裕。

明经。汉代察举中的明经科，是最重要的特科之一。明经就是通晓经学。秦朝就有此科，到汉代地位开始突出。所谓经，原指先秦经典，自从汉武帝尊崇儒学，经就专指儒家经典了。其实，察举各科都有经学内容，被举者也要熟习经学；把明经特立为一科，说明经学在汉代政治上地位之重要。汉代的读书人无不自幼苦读经书，目的都是为了应举、入仕。汉代许多名臣，如孔安国、贡禹等都是明经科出身，韦贤、韦玄成父子皆以明经科入仕，先后位居宰相。

察举制之利。其一，在察举制下，个人的社会背景、家庭出身不再是选士任官的唯一依据。地方士人只要有真才实学，有一定的社会威望，或有值得称颂的道德品质，就有可能成为察举对象，从而登上仕途。许多出身卑微的人才像主父偃、东方朔、司马相如在汉武帝时得到重用，而这在世卿世禄制下是根本不可能的。在世卿世禄制下，官职由贵族垄断并世袭，一般人根本没有条件成为官吏。而世袭的贵族往往奢侈腐化，无所用心，于国于民都为害不浅。军功制起初，只要有军功，不管他出身如何都能授以爵位，而若没有军功，哪怕他出身再高贵也不能获得爵位，所谓"有功者荣显，无功者虽富贵无所芬华"是也。但到两汉时，有了高爵低爵之分，一般人不可能获得高爵，换言之，家庭出身此时使得爵位越来越无实际意义，百姓对是否拥有爵位也毫不挂心了。

其二，察举制有利于招揽各类人才。察举科目很多，有孝廉、秀才、明经、明法、贤良方正、直言极谏、孝悌力田等不下十几种，而且又让熟悉地方情况的州郡长官亲任察举官，这就能把各类人才作为察举对象，选士任官，这无疑有利于封建国家的统治。而军功制不利于按才能来选拔官吏。在军功制下，授爵仅以其军功为依据，如此便剥夺了许多非身强体壮的士人之权利。

韩非子有言："今治官者智能也，今斩首者勇力之所加也。以勇力之所加而治智能之官，是以斩首之功为医匠也。"说得很有道理。秦朝又实行"计首授爵"制，多次发生杀良冒功之事。在军功制的蛊惑刺激下，将士疯狂屠杀，几乎每次战争都要死许多人，给社会造成极大破坏。世卿世禄制不利人才选拔之弊则更明显了。在世卿世禄制下，官职由贵族垄断并世袭，出身的小贵族即使是昏庸之辈，甚至是白痴，也可继承父兄的职位。

其三，察举制有利于中央集权，这与军功制相比更加明显。在察举制下，察举权虽下放到地方，但官吏任免权最终由中央掌握，中央仍可自由委派官吏。而在军功制下，极易出现地方诸侯"功高盖主"的现象，对皇权造成威胁。西汉初，分封的异姓王几乎全是军功制的受益者，结果造成地方王国势力强大，中央无法驾驭。地方王国问题遂成为西汉中央集权的最大威胁，这很能说明军功制是不利于中央集权的。

其四，察举制在其实行之初一般能保证被察举者的"质量"。被察举者有一年任期，只有胜任者才能转为正式官员。若不胜任，就要被撤换，而且推荐者也会因此受罚，这使得察举人不敢随便乱推荐士人。还用策问形式直接考察士人，其益处自不待言。东汉顺帝采纳左雄建议，用贤才必须经过严格考试，一考儒家经典，二考文书、表奏。"诸生通章问，文吏考笔，得考选。"公府初试后，还要在端门（御史台）复试，如此严格把关选拔贤才，"南郭先生"们是很难蒙混过关的。察举制相对于世卿世禄制、军功制是一大进步。

察举制之弊。正如凡事有利有弊一样，察举制虽有上述多种优点，但也有其严重弊端。其一，在察举制下，虽然察举科目很多，但天下之大，贤人之众，不可能把所有贤人都推荐给朝廷，仍有许多不为人知的贤才被埋没在乡村野氓中，终身未得任用，造成了人才的流失和浪费。两汉由察举而成为官吏的士人只占总官吏人数的极少部分，而且有许多小人利用察举机会，或贿赂或靠关系千方百计使自己成为被察举对象。还有，被察举者因察举人而走上仕途，必对察举者感恩戴德，并为之效命，这样极易产生宗派行为，形成地方集团。

其二，对士人道德品质的考察是察举制的前提，但这不易做好，因为很难对人的道德品质做出中肯的评价。人的道德品质须通过对他言行的长期考察才能得出较客观的评价，而且这种言行还可能是假的，抑或他以后发生蜕变。这样的例子举不胜举。如《后汉书·许荆传》中那个挖空心思、沽名钓誉的许武；王莽篡汉前，谦恭至孝，有很大的声誉和威望，后来却成为篡汉的历史罪人，正所谓："向使王莽身先死，一生真伪谁复知？"

其三，察举制广泛推行，地方乡间因之有了评议之风，"清议"名士好品评臧否人物，不重实际，空发议论。这种恶劣风气还遗留给了后世，在魏晋时尤为明显。"清议"名士中有许多是"刻情修客，依倚道艺，以就声价"者，清议成了这些伪君子攫取名利、捞取政治好处的资本。

其四，察举制在其后期，弊端日益严重。到东汉中后期，地方选举权被少数公卿大臣、名门望族所控制，他们选士任官往往推荐名望家庭的子弟而不管其学问品质如何,如此使得察举范围越来越狭窄,被察举者也大都名不符实,"举秀才不知书,察孝廉父别居,寒素白浊如泥,高第良将怯如鸡"。社会上出现了"四世五公""累世公卿""累世经学"的官僚门阀集团。此时的察举制已蜕变为变相的世袭制,成为那些公卿大族维护自己势力、维持特权的工具了。而"一部中国政治制度史证明,不论是何种官僚制度,一旦变成世袭制,它便很快就要腐朽下去"(朱绍侯语)。魏晋时产生极端腐朽的士族便是两汉察举制严重弊端所致的。综上所述,相比于世卿世禄制、军功制,两汉的察举制有着明显的优点,这也是我国的封建社会能在两汉时期获得初步发展的重要原因之一。但察举制也存在着严重弊端,在其后期表现得尤为明显。历史是一面镜子,"以史为鉴,可以知得失"。当前我国正处于社会主义现代化建设的关键时期,国家急需各类人才,因此很有必要借鉴我国古代选举制度之得失,努力做到唯才是举、因才制宜、人尽其才,以推动我国的社会主义现代化建设。

察举制度从汉代开始。在此之前,夏商周三代,王位世袭,官吏实行世卿世禄制度,非贵族阶层无法进入官僚集团。春秋战国时期,各诸侯为争霸图强,在选贤用士方面进行改革,平民开始被选进入国家政权体系。如苏秦、张仪、白起等都成为这一时期有名的布衣将相。但此时选官方式并没有上升到制度层面。汉代的察举制度为平民进入国家的官僚体系提供了制度保证。相应的,长者进入官僚体系也成为可能。儿宽"以文学应郡举",后以"以试第次，补廷尉史"。① 张敞"察廉为甘泉仓长"②。段颎"初举孝廉，为宪陵园丞、阳陵令"③。李膺"初举孝廉，为司徒胡广所辟，举高第，再迁青州刺史"④。刘虞"初举孝廉，稍迁幽州刺史"⑤。刘宠"举孝廉，除东平陵令"⑥。

辟除，是各级长官聘请任用属员的一种制度。辟除，亦称"辟""辟召"，分公府辟除和州郡辟除，汉代高级官员任用属官的制度。中央最高行政长官如三公，地方官如州牧、郡守，都可自行聘任僚属，然后向朝廷推荐。与后代大小官吏都由吏部铨选的制度不同。辟，征召；除，授官之意。《文献通考·选举》："盖东汉时，选举辟召皆可以入仕，以乡举里选循序而进者，选举也；以高才重名蹑等而升者，辟召也；故时人犹以召为荣焉。"

公府辟除。两汉公府自丞相（司徒）、御史大夫（司空）、太尉（司马）、大将军以至诸卿如光禄勋、太常等，皆可自辟掾属。有时皇帝也敕令公府辟召。公府辟除，就权力而论，以西汉丞相最大，如汉武帝时，丞相除有权置吏外，还可大开客馆以招贤士。但就辟除之风来说，东汉较西汉为盛，史书辟除事例，多出于东汉时期。公府既辟之后，除主官可直接向朝廷推荐之外，又得依诏令所定科目察举。所以公府辟除，实为汉代（特别是东

---

① 《史记》卷百二十一《儒林列传》之《儿宽传》。
② 《汉书》卷七十六《赵尹韩张两王传》之《张敞传》。
③ 《后汉书》卷六十五《皇甫张段列传》之《段颎传》。
④ 《后汉书》卷六十七《党锢列传》之《李膺传》。
⑤ 《后汉书》卷七十三《刘虞公孙瓒陶谦列传》之《刘虞传》。
⑥ 《后汉书》卷七十六《循吏列传》之《刘宠传》。

汉）选官入仕的重要途径。

州郡辟除。西汉武帝时设立十三部州，州刺史纯为监察官，以六条巡察郡国，用人权限很小，法令仅规定："得择所部二千石卒史与从事"而已。西汉末，刺史逐渐干预地方行政，组织扩大，掾属亦随之增多。至东汉，刺史既成为地方高级行政长官，州之掾史均由其自行辟除，用人权限大增。郡守辟除掾属，西汉时就已成为通制，甚至诸曹设置，太守也可以变更。自除诸曹掾史，更是多见。

东汉刘昆举孝廉失败，被光武帝直接辟授为江陵令。"建武五年，举孝廉，不行，遂逃，教授于江陵。光武闻之，即除为江陵令。"①

刘昆，字桓公，东汉陈留东昏（今东明县）人，经学家、教育家。昆为梁孝王后裔，少时习礼仪，后研学《易》，且通音乐，能弹琴，多才多艺。王莽执政时，刘昆在家设馆授徒，听讲者常有数百人，名满乡里。每春秋飨射，常以桑木为弓，蒿杆为箭，举行隆重仪式，招引不少人前来围观。王莽因此给其加上"多聚徒众，私行大礼，有僭上心"的罪名，将昆及其家属关押外黄监狱，直到王莽失败才被放出。

公元29年（建武五年），举孝廉，昆不接受，逃到江陵仍然教书授徒。光武帝慕其名，任命他为江陵令。后由于政绩突出，征拜仪郎，再升侍中、弘农太守。46年（建武二十二年）征为光

---

① 《后汉书》卷七十九《儒林列传》之《刘昆传》。

禄勋。昆知识渊博，精通经易，又为人诚实，获得皇上信任，入宫为皇太子及诸王、小侯五十余人传授经书。51年（建武二十七年），拜骑都尉。后因年高辞官，皇上在洛阳赐给宅第一处，薪俸千石，直到去世。卒后祀于乡贤祠。

他在当江陵县令时，发生了一件奇事。那一年县里突发火灾，不一会儿风助火势，烈焰腾空。刘昆闻讯后赶赴现场，看到火势愈来愈猛，心里惦念着百姓安危，便不由自主地对着大火磕头，没想到忽然天降大雨，不多会儿就风平火息。《资治通鉴·卷四十三》记载说："昆向火叩头，火寻（接着）灭。"一场灾难很快得到化解。

后来朝廷又调他为弘农太守。弘农郡（今河南西部灵宝市一带）地处晋豫陕之间，北濒黄河。当地猛虎横行，经常在乡间和道路上吃人，过路百姓非常害怕，都不敢经过。刘昆在弘农当政三年，施行德政，爱民如子，郡中教化大行。这时又出现了一桩奇事，"虎皆负子渡河"，当地老虎都背着虎崽，渡过黄河，到别的地方去了。弘农郡中恢复了平静，百姓安居乐业。

光武帝刘秀听说这些事情，感到惊奇，认为刘昆是个能臣，就提拔他到中央机关任光禄勋之职（掌领宿卫侍从之官，位列九卿）。召见时刘秀迫不及待地问他："据说你在江陵，能'转变风向，扑灭烈火'；后来治弘农，伤人吃人的老虎却北渡黄河，跑得远远的。你治理地方推行了什么德政，竟有这般不同寻常的效果？想必你定有高招，快说给朕听听。"刘秀是个有为的明君，自然跟一般人的猎奇心理不同，他特别关注的不是事件本身的结果，而是想探寻属下官吏的"德政"效应。

令人意外的是，刘昆似乎不明白刘秀的引导，不顾皇帝的兴头和心思，坦然回答说："碰巧而已。"言外之意是，臣何德何能，这都不过是我偶然碰上的事，与实施"德政"又有啥关系呢？

刘昆原本说了一句大实话，可此言一出，"左右皆笑"，皇帝左右的人都忍不住笑了。笑什么？当然是笑这位刘大人脑筋不开窍，朴实木讷太傻帽，现在皇上都肯定了你治政有方，咋不趁此天赐良机，把自己的功劳摆一摆？换成他人，不把自己的功绩吹破天才怪呢！在这个向"最高领导"汇报成绩经验的时刻，刘昆不但不自吹自擂，反而给自己的工作成果下了个"纯属偶然"的结论，这在某些人看来，简直不可思议、不合时宜，太不懂官场规则，太不会奉承迎合，大煞风景！然而，到底还是刘秀懂得吏治之道，他厌恶阿谀奉承，喜听直言真话，见刘昆如此坦荡无私，实话实说，禁不住感叹说："这才是有德行的长者说的话啊！"于是，下令把这件事记载在史书上。

两汉的"长者型"官员，其选官用官，也喜欢选拔推举使用长者。刘宽被征辟为官，累官三公。① 刘宽是东汉华阴人，字文饶。为人有德量，涵养深厚。有一次，乘牛车外出，遇见有人遗失牛，找上刘宽的牛车来辨认，刘宽默默不言，随即下车徒步回家。经过片刻，失牛人找到了自己的牛，亲自送还刘宽并叩头谢

---

① 《后汉书》卷二十五《卓鲁魏刘列传》之《刘宽传》。

罪说:"我很羞惭,愧对长者,愿任随长者处罪。"刘宽和颜悦色地说:"世间相类之物,容易认错,幸劳你送回来,这有什么好谢罪的呢?"邻里都佩服称赞他这种不与人计较的德量。汉桓帝时,征召刘宽授官尚书令,又升为南阳太守,推举掌理三郡。刘宽办理政事,仁厚宽恕,属下官吏有了过错,只以薄鞭轻罚,以示耻辱而已。推行政事有功,皆让给属下,灾殃变异出现,便引咎负责。见了父老,慰问乡里及农田之事,对少年勉励他们善事兄长,百姓感念他的德政,渐渐深受感化。刘宽性情温良,从未发过脾气,即使在急迫匆忙时,也未曾见他容色严厉,言辞急迫。夫人也感到奇异,为了试探刘宽的度量,想激他愤怒。有一次正当刘宽要赴朝会,衣冠装束整齐时,夫人命侍婢奉肉羹进入,故意翻倒沾污了刘宽的朝服,刘宽神色不变,仍然和祥关心地慰问侍婢说:"肉羹是否烫伤了你的手?"他的宽宏度量,竟然到此程度,海内闻风都尊称他为宽厚长者。到了汉灵帝时,刘宽官至光禄勋,封为逯乡侯,其子刘松官为管宗籍的宗正。

丞相孔光认为卓茂是长者,辟除卓茂为丞相史。① 后卓茂西汉、东汉两朝为官,政绩非凡,忠心耿耿,爱民如子,用善行教育百姓,受到朝野称赞爱戴。在丞相府任职时,卓茂曾经有一次出门,有人说卓茂骑的马是他的马。卓茂问那个人说:"你丢马多长时间了?"回答说:"一个多月了。"卓茂有这匹马好几年了,心中知道那个人弄错了,但默不出声解开马交给那个人,自己拉

---

① 《后汉书》卷二十五《卓鲁魏刘列传》之《卓茂传》。

起车离去，回过头说："如果不是你的马，劳驾到丞相府还我。"后来，马的主人从别处找回自己丢的马，就到丞相府还马，磕头向卓茂道歉，卓茂毫不怪罪他。卓茂生性就像这样不喜欢争执。如果往深处想，卓茂在丞相府任职，不以势压人，也不得理不饶人，处处为百姓着想，是多么的难能可贵。建武四年（公元28年），卓茂去世，朝廷赐给棺椁坟地，光武帝穿丧服亲自参加送葬。

郭丹荐举长者"代"为功曹①。王龚拜大尉，其选用"皆海内长者"②。这样，辟除制度的设立，为长者"直通"政府官僚体系提供了制度平台，而且还有"用一贤人则群贤毕至，见贤思齐就蔚然成风"的效果。选什么官，用什么人，是有导向作用的，上级、上层喜欢什么人、重用什么人、提拔什么人，下属就会向什么方向努力。王龚喜欢选拔任用长者型的官员，那么他组成的管理团队，就会成为"长者型"的官僚管理团队或者向这个趋势发展成型。"上有所好，下必甚焉"，"物以类聚，人以群分"，都从一个侧面说明这个道理，而"上梁不正下梁歪"就从反面说明一个班子"一把手"的重要性，"兵熊熊一个，将熊熊一窝"。

两汉的选官，一方面，以长者自居的官员，他们本身喜欢选用长者型的幕僚，为长者进入官僚系统提供了主观条件，另一方面，察举、辟除制度为长者进入官僚系统提供了客观条件和制度

---

① 《后汉书》卷二十七《宣张二王杜郭吴承郑赵列传》之《郭丹传》。
② 《后汉书》卷五十六《张王种陈列传》之《王龚传》。

保障。这样，就为长者官僚化提供成熟的主客观条件，长者型官员进入官僚系统路径畅通。

（2）长者群体政治生命的终结

汉代的官吏选举制度为长者登上政治舞台创造了平台，长者群体可以通过个人经营道德修养，建立社会声望，研习文才武功，凭借察举、辟举进入国家官僚体系。这种选官制度基本是建立在道德认同的基础之上，并不十分重视才能。

察举制度倾向于以德取人，倾向于道德至上，为"长者"进入官僚系统打开"直通"之门。九品中正制以"品"选官，在制度设计上倾向于以道德为本，但由于人物品评的权力由中正官掌控，实际上则发展为以"门第"取人，成为门阀士族进行官僚系统的工具，出现"上品无寒门，下品无士族"的选官局面，阻塞了包括长者在内的一般社会人士的仕进之路。科举制则倾向于以学识取人，德行让位学识，进入"十年寒窗无人问，一举成名天下知"时代。在科举制度下，文人可以自由投考，但必须首先通过科举考试才能取得进行官僚系统的候选资格，"科举的核心在于自由投考和一切以考试为准的原则作为科举的基本特点"①。如此情况下，即使德行修养堪称社会典范，如果过不了科举考试，就很难有机会进入官僚系统。长者要进入官僚系统，就要通过科举考试的筛选。九品中正制度与科举制度的先后实行，摧毁了长者"直通"官僚系统的制度平台，把他们的政治生命推向没落。

---

① 干春松：《制度化与儒家的悖论——科举制度和儒家的制度化》，载《中国哲学史》，2001年第2期，第76页。

长者要想进入国家官僚系统，需要通过更为艰难的制度屏障，非常不容易。长者群体批量参政的时代终结，"文人"治国的时代来临。

3. 长者对两汉政治的影响

（1）长者参政，成为政坛新力量

经秦而汉，长者由最初的齿位含义渐次让位，长者更多的是指"有德行者"或"显贵者"。前已论述，"三老"与"长老"是长者发展演变的最初形式，很多时候三老就是地方上的长者。但初期三老并没有被官方所承认，直到汉代才有所改变。汉代正式设立"三老"制度。汉高祖下诏实行三老制，三老才正式被官方承认，成为定制：

> 举民年五十以上，有修行，能帅众为善，置以为三老，乡一人。择乡三老一人为县三老，与县令、丞、尉以事相教，复勿徭戍。以十月赐酒肉。①

从而作为民间势力的"三老"被国家统治者认可，纳入了国家参政议政系统，他们的主要职能是"掌教化"②。兼有"官"与"民"的中间性质，上可与"县令、丞、尉"治事，下与"平

---

① 《汉书》卷一《高帝纪》。
② 《汉书》卷十九上《百官公卿表》。

民"同列，成为沟通官方与民间的中间势力，脱离了先秦时期的纯民间性质，这是三老制度发展的一个重大的转变，初步完成了"三老"这一民间势力与国家权力的结合。

两汉时期，包含"年长者""有德行者"或"显贵者"三者之义的一个宽泛的称谓词——长者，此时得到广泛的认可和使用，这可从前四史中的"长者"使用频率的统计中得到印证。"三老"作为长者的一个最初的形式，在很大程度上只是作用于乡里、县等国家统治的基层政权组织，其政治影响力是有限的。三老并没有进入国家官僚系统，形成强大的政治影响力，长者群体完成了这一历史任务。在两汉，长者进入了官僚系统，成为政坛新力量。

两汉选官用人倾向于使用长者。皇帝、官员征辟选官倾向于长者，一大批长者进入国家官僚系统，有的甚至进入国家最高权力中心，极大地影响了国家政治环境，使国家从政成员身份结构发生深刻变化。西汉曹参选用"重厚长者"为丞相史，而把"言文刻深"的官吏辞退不用。① 丞相大致相当于国务院总理，丞相史就相当于国务院所属官员了，选用长者担任中央政府官员，级别很高了。东汉朱穆在冀州任地方长官时，任用的官员"所辟用皆清德长者，多至公卿、州郡"②。冀州可比之大省，地方长官就是省长，古时候的"省长"是地方军政长官，比现在一省长权力更大，朱穆选拔的幕僚后来多数成为地方大员，甚至位列公卿，

---

① 《史记》卷五十四《曹相国世家》。
② 《后汉书》卷四十三《朱乐何列传》之《朱穆传》。

这也成为朱穆的选人用人之功了；延笃为官时，"其政用宽仁，忧恤民黎，擢用长者"①。

朱穆，字公叔，一字文元，东汉南阳郡宛（今河南南阳市）人，丞相朱晖之孙。初举孝廉。顺帝末，大将军梁冀使典兵事。桓帝时任侍御史。感时俗浇薄，作《崇厚论》《绝交论》。

朱穆自幼即以沉思好学、用心专一而著名，由于精力专注，或丢失衣冠，或跌落坑中，亦不自知；年 50 岁时还向同郡隐居武当山教授经传的赵康奉书称弟子，为时人所称服。朱穆为人耿直有韬略，20 岁举孝廉，后拜郎中、尚书侍郎，被人称为"兼资文武，海内奇士"（范晔：《后汉书》卷四十三《朱穆传》）顺帝末，从大将军梁冀，为典兵事，甚见亲任。桓帝即位，升任侍御史，不久再迁议郎，与边韶、崔寔、曹寿等共入国史馆东观撰修《汉纪》，作《孝穆、崇二皇及顺烈皇后传》，又增补了《外戚传》及《儒林传》。

桓帝崇尚敦厚，朱穆遂作《崇厚论》，呼吁重德教；又著《绝交论》，倡导交往以公。永兴元年（153 年），冀州发生严重的水灾饥荒，社会秩序混乱，朱穆奉命出任冀州刺史，因慑于朱穆威名，贪官污吏闻风而逃，冀州百县中仅解印外逃的县官即达四十余人，他一到任，就严惩为非作歹的贪官豪强，终因触怒朝廷宦官权贵，被捕还京师，罚作刑徒。后得太学生刘陶等数千人上书申诉，为朱穆鸣不平，方获释归居乡里。居家数载，复为尚

---

① 《后汉书》卷六十四《吴延史卢赵列传》之《延笃传》。

书，仍刚直不阿，屡次上书或面谏罢黜宦官，桓帝不从，遂遭排挤诋毁，终日愤懑抑郁，于延熹六年（163年）发疽而死。朱穆死后，诏赠益州太守，谥"文忠先生"。

延笃，字叔坚，南阳郡犨县人。少年时跟从颍川人唐溪典学习《左传》，仅十来天就能讽诵，唐溪典十分敬重他。又从马融学习，博通经传及百家学说，能写文章，在京城洛阳（今河南洛阳）很有名气。延笃后被推举为孝廉，担任平阳侯相。到任之后，修葺龚遂的坟墓，树立墓铭祭祀，选拔龚遂的后人于田间出来做官。延笃因为老师逝世，弃官奔丧，五府都征召他都不就任。

汉桓帝按博士征召延笃，授任议郎之职，与朱穆、边韶在东观从事著作。不久升为侍中，汉桓帝多次向他询问政事，延笃不把实际情况告诉别人，一举一动，都如典章大义。升任左冯翊，又调任京兆尹。为政主张宽松仁爱，爱惜百姓。他选用有道德修养的人，参加政事，郡里和爱，三辅赞叹他的政绩。以前，陈留人边凤担任京兆尹，也有能干的名声，郡里的人编了一句俗语说："前有照张三王，后有边延二君。"

曹参、朱穆、延笃等喜欢选用、提拔长者型的幕僚和属官，批量产生长者型的地方大官，有的后来甚至官至公卿，为国家物色、培养大量清正廉洁、勤政爱民的能官巧吏，因为他们而使一大批长者型官员进入官僚体系参政议政。同时，因为他们的这种廉洁奉公的从政理念和政治实践，有利于地方甚至国家政风、官风的改变。

坚持德才兼备、以德为先的用人准则和导向，两汉官吏选拔制度的核心内容和政治实践，一些长者型的官员更是在自己的职权范围内选拔长者型官吏，搭建自己的领导班子和管理团队，践行"重能力，更重品行"理念。

长者的参政议政，成为政坛新的力量。

（2）长者影响两汉政治的主要特征

长者根植于社会基层，既是道德表率，又有权势支撑，形成不容忽视的社会权威，受到社会普遍的爱戴与尊敬，形成社会势力。在两汉时期，长者影响国家的政治与政局。其影响所呈现的特征主要是以下几个方面。

第一，影响皇位继承权和封王赐侯。

皇位或王侯候选者周围的人，含妻族、母族及辅佐之人，是否具有长者德行，是影响皇位继承权或皇室子弟封王赐侯的重要因素。在汉室皇位继承权的争夺中，齐王因"母家驷钧，恶戾，虎而冠者也"，被排除帝位继承权之外，未被迎立为皇帝；反之，代王刘恒因"母家薄氏，君子长者"，成为承继大统的优先条件，进而被迎立为帝，是为汉文帝。① 刘邦长兄之子刘信，因母亲的欺骗行为得罪高祖，刘邦认定嫂子不具有长者德行，连累刘信，被刘邦封为羹颉侯。②

第二，在社会动乱纷争中，长者成为区域或国家政治核心。

陈婴为县中长者，被秦末东阳起义军强立为首领，并进而欲

---

① 《史记》卷五十二《齐悼惠王世家》。
② 《史记》卷五十《楚元王世家》。

立为王。① 刘邦在秦末起义军中，能以弱克强，战胜项羽，实与被认可为长者有很大关联，"仁而爱人，喜施，意豁如也"。与项王相比，刘邦素为宽大长者，深得义军名义首领怀王以及其老将们的认可，被派"西入关"，攻入秦都咸阳，立下盖世奇功。② 此后刘邦与关中父老"约法三章"，更在关中地区竖立了崇高的社会威望，为其在楚汉战争中以弱克强打下了坚实基础。东汉末年，社会动乱，刘虞为"宗室长者"，又"为政仁爱，念利民物"，部属欲拥立刘虞为王。③

第三，长者参政议政勤政。

西周时期，就有问计长者之风，周公旦时，周公说康叔曰："必求殷之贤人君子长者，问其先殷所以兴，所以亡，而务爱民。"从而康叔治国，能"和集其民，民大说"。④ 近朱者赤，近墨者黑，两汉统治集团内理性的执政者，为维护国家的长治久安，提携长者，问政长者，使之为统治者理政服务。袁盎家居时，景帝不忘时时命令使者到他家问计国政。⑤

孝文帝即立，就问政长者田叔⑥，欲求天下长者为其治国服务。曹参为相时，推行无为而治的政策，选官尽量任用重厚长者，并斥退"言文刻深，欲务声名者"的官员。这些事例说明长

---

① 《史记》卷七《项羽本纪》。
② 《史记》卷八《高祖本纪》。
③ 《后汉书》卷七十三《刘虞公孙瓒陶谦列传》之《刘虞传》。
④ 《史记》卷三十七《卫康叔世家》。
⑤ 《史记》卷百〇一《袁盎晁错列传》之《袁盎传》。
⑥ 《史记》卷百〇四《田叔列传》。

者通过参政议政影响国家的政治生活。

(3) 长者对两汉政治的影响

与前节主要论述"长者影响两汉政治的特征"不同，本节侧重论述"长者"影响两汉政治所取得的积极的重要的政治成果。这些政治成果是两汉政治的里程碑，是两汉政治皇冠上的明珠，从而用历史成果说明两汉长者（长者群体）对两汉政治所产生的重要而深远的影响。

第一，刘邦的长者政治形象助其建立西汉王朝。

刘邦在秦末反秦起义中异军突起，与劲敌项羽两雄相争中，先被怀王授权，得以扶义入关，攻入咸阳，建义军首功，再依诺得封关中王。然而其入关时，与关中父老"约法三章"，"秦人大喜，争持牛羊酒食献飨军士"，"人又益喜，唯恐沛公不为秦王"，约法三章使刘邦得到社会支持。然反观项羽，其坑杀秦兵，情伤秦之父老；火烧阿房宫，三月不绝，生灵涂炭。项羽的残暴更相对地衬托出刘邦为宽大长者。在楚汉相争中，刘邦附者益多，而项羽则是众叛亲离。民众都希望背楚附汉，王陵母告诫儿子的话就是一个例子，她的想法是当时社会一般人想法的一个社会缩影。陵母既私送使者，泣曰："为老妾语陵，谨事汉王。汉王，长者也，无以老妾故，持二心。"[①]

安国侯王陵的母亲教诲王陵的故事，可以说是楚汉相争时人心向背的一个经典案例。其中既有王陵开始无意跟从刘邦的原

---

① 《史记》卷五十六《陈丞相世家》。

因，也有王陵归附刘邦的过程，更有王陵母对刘邦的品评，而项羽想生烹王陵母亲的记载，无疑画龙点睛地反衬了项羽的残暴，又说明刘邦得民众之心的事实。刘邦的胜利，则是情理之中的事了。

在史书中有三次提到刘邦为长者或为人宽容大度，有长者风范。对刘邦的长者评价来自三个层次，代表三类人。

第一类，评价者为"怀王等"，代表社会上层集团："今项羽强悍，今不可遣。独沛公素宽大长者，可遣。"①

第二类，评价者为"郦食其"，其为监门且为儒生，代表读书求官的士儒阶层，这一阶层是上层统治集团治国理政的辅助者，是统治集团所倚重和争取的对象。郦食其说刘邦是"大人长者"②，因此前来投靠辅助刘邦。

第三类，评价者为王陵的母亲。来自社会底层，说刘邦是长者。③

> 王陵者，故沛人，始为县豪，高祖微时，兄事陵。陵少文，任气，好直言。及高祖起沛，入至咸阳，陵亦自聚党数千人，居南阳，不肯从沛公。及汉王之还攻项籍，陵乃以兵属汉。项羽取陵母置军中，陵使至，则东乡坐陵母，欲以招陵。陵母既私送使者，泣曰："为老妾语陵，谨事汉王。汉

---

① 《史记》卷八《高祖本纪》。
② 《史记》卷八《高祖本纪》。
③ 《史记》卷五十六《陈丞相世家》。

王,长者也,无以老妾故,持二心。妾以死送使者。"遂伏剑而死。项王怒,烹陵母。陵卒从汉王定天下。以善雍齿,雍齿,高帝之仇,而陵本无意从高帝,以故晚封,为安国侯。(《史记》卷五十六《陈丞相世家》)

统治集团—士儒阶层—社会底层,三者构成对刘邦全面的长者评价,无疑在印证刘邦宽大、容人、有气度的长者形象已深入人心,刘邦在楚汉战争中已建立起深厚的社会群众基础。这为刘邦建立西汉帝国提供了强大的社会舆论支持和原动力,得民心者得天下。

第二,长者辅政治国与西汉文景之治。

在《史记》中自称或被称为长者的共30人,而在汉文帝与汉景帝时期约12人,超过三分之一,约四成①。绛侯周勃②、东阳侯张相如③、建陵侯卫绾④、田叔⑤等四人更被文、景两帝直接尊称为长者。而在《史记》中称为"长者"列传的《万石张叔列传》⑥,记述的万石君石奋及其四子、建陵侯卫绾、塞侯直不疑、御史大夫张叔几位君子长者,或位列三公九卿,或位封王侯,或荣为帝师、太子师,他们都在汉文帝、汉景帝时加官晋爵,名重

---

① 参见附表六。
② 《史记》卷百〇二《张释之冯唐列传》。
③ 《史记》卷百〇二《张释之冯唐列传》。
④ 《史记》卷百〇三《万石张叔列传》。
⑤ 《史记》卷百〇四《田叔列传》。
⑥ 《史记·太史公自序》曰:"敦厚慈孝,讷于言,敏于行,务在鞠躬,君子长者。作万石张叔列传第四十三。"

一时。这些人物所具有的长者素质对他们的成功是有帮助的。文景之治与这些长者有很大的关系。

周勃等辅立汉室,迎立文帝。继吕后女主执政后,汉刘氏王朝谁真正继立帝位,将影响刘汉王朝的兴衰。丞相陈平、太尉周勃等人迎立汉文帝。①

> 大臣议欲立齐王,而琅邪王及大臣曰:"齐王母家驷钧,恶戾,虎而冠者也。方以吕氏故几乱天下,今又立齐王,是欲复为吕氏也。代王母家薄氏,君子长者;且代王又亲高帝子,于今见在,且最为长。以子则顺,以善人则大臣安。"于是大臣乃谋迎立代王,而遣朱虚侯以诛吕氏事告齐王,令罢兵。(《史记》卷五十二《齐悼惠王世家》)

以陈平、周勃为首的长者官员等在迎立汉文帝的事件中居功至伟,为"文景之治"开启拥立了最高统治者。

文帝初立,问政田叔,希望用长者辅政,孟舒官复原职,宣示了选官意在长者的意图。②

> 孝文帝既立,召田叔问之曰:"公知天下长者乎?"对曰:"臣何足以知之!"上曰:"公,长者也,宜知之。"叔顿首曰:"故云中守孟舒,长者也。"是时孟舒坐虏大入塞盗

---

① 《史记》卷五十二《齐悼惠王世家》。
② 《史记》卷百〇四《田叔列传》。

劫，云中尤甚，免。上曰："先帝置孟舒云中十余年矣，虏曾一入，孟舒不能坚守，毋故士卒战死者数百人。长者固杀人乎？公何以言孟舒为长者也？"叔叩头对曰："是乃孟舒所以为长者也。夫贯高等谋反，上下明诏，赵有敢随张王，罪三族。然孟舒自髡钳，随张王敖之所在，欲以身死之，岂自知为云中守哉！汉与楚相距，士卒罢敝。匈奴冒顿新服北夷，来为边害，孟舒知士卒罢敝，不忍出言，士争临城死敌，如子为父，弟为兄，以故死者数百人。孟舒岂故驱战之哉！是乃孟舒所以为长者也。"于是上曰："贤哉孟舒！"复召孟舒以为云中守。（《史记》卷百〇四《田叔列传》）

文帝在位时，数任绛侯周勃为丞相，任东阳侯张相如为太子太傅、万石君石奋为太子太傅，卫绾为中郎将，直不疑为太中大夫，周文为太中大夫。这些任命，更直接地印证文帝选官用人偏重长者的用人原则。

文帝后，景帝即位，先后任申屠嘉、陶青、周亚夫、刘舍、卫绾为丞相。并继续重用文帝选定的长者重臣，如直不疑、张叔及石奋子孙等。这些长者或位列三公九卿，或位封王侯，并列于朝，辅佐景帝执政天下。

继承大统的文、景两帝在周勃、张相如、石奋、卫绾、直不疑等文臣武将的辅佐下，励精图治，"务农先籍，布德偃兵。除帑削谤，政简刑清。绨衣率俗，露台罢营。法宽张武，狱恤缇紫。霸陵如故，千年颂声"①，开创了文景之治之先声。

第三，长者辅政治国与昭宣中兴。

统计《汉书》长者，其中绝大部分与《史记》记载人物相同，文字也雷同。② 由于《史记》只记载汉武帝之前的历史，武帝后的汉朝历史中，在汉书中明确被记述为长者的人物只有两位，即张敞③与黄霸④，他们生活在昭宣时期，政治生活绝大部分在宣帝时期。

张敞与黄霸勤政爱民，君民爱戴。张敞辅佐皇帝，忠君爱民。切谏昌邑王刘贺得名，及宣帝即位，上书弹劾霍氏权臣。渤海、胶东盗贼并起时，张敞为君分忧，自请治之，及为胶东相，平定盗贼，吏民安定。谏止太后游猎。后迁京兆尹，治所无偷盗，天子嘉许。⑤ 黄霸在昭帝时，"俗吏上严酷以为能，而霸独用宽和为名"。及至宣帝朝，黄霸任颍川太守时，公布诏令，奉诏理政，养视鳏寡，赡助贫穷，使百姓向化，路不拾遗，治所孝子贤孙益多，取得优异政绩。"霸以外宽内明得吏民心，户口岁增，治为天下第一。"皇帝说其是"贤人君子"。其后黄霸获封关内侯，历任太子太傅、御史大夫、丞相，并进封建成侯，食邑六百户。"自汉兴，言治民吏，以霸为首。"⑥

---

① 《史记》卷十《孝文本纪》。
② 参见附表，表七。
③ 《汉书》卷七十六《赵尹韩张两王传》之《张敞传》。
④ 《汉书》卷八十九《循吏传》之《黄霸传》。
⑤ 《汉书》卷七十六《赵尹韩张两王传》之《张敞传》。
⑥ 《汉书》卷八十九《循吏传》之《黄霸传》。

汉昭帝和汉宣帝时期，西汉处于稳定发展阶段。昭帝时，朝廷多次下诏赈贷农民，减免田租、口赋等税收，减轻农民的力役负担。宣帝即位后，在以张敞、黄霸为代表的长者们的辅佐下，更着力整顿吏治，推行招抚流亡、安定民生的措施，使社会生产得到进一步发展，政治稳定，史称"昭宣中兴"。

> 及至孝宣……是故汉世良吏，于是为盛，称中兴焉。若赵广汉、韩延寿、尹翁归、严延年、张敞之属，皆称其位，然任刑罚，或抵罪诛。王成、黄霸、朱邑、龚遂、郑弘、召信臣等，所居民富，所去见思，生有荣号，死见奉祀，此廪廪庶几德让君子之遗风矣。（《汉书》卷八十九《循吏传》）

第四，长者辅政治国与东汉光武中兴。

汉光武帝刘秀是中国历史上著名的封建皇帝之一。刘秀结束了分裂的局面，统一了中国。他勤政爱民，提倡节俭。刘秀息武修文，励精图治，注意民生，与民休息，开创了光武中兴。① 刘秀也被人尊称为长者。《后汉书》记载有两个事例，两个人分别称刘秀为长者。一个是在危难时刻为其打开逃脱之门的职责守门的门长。另一个是太守彭宠的属吏吴汉，因其素闻刘秀是长者，劝太守彭宠归附刘秀。

---

① 《后汉书》卷一上《光武帝纪》。

例一史料：二年正月，光武以王郎新盛，乃北徇蓟。……光武升车欲驰；既而惧不免，徐还坐，曰："请邯郸将军入。"久乃驾去。传中人遥语门者闭之。门长曰："天下讵可知，而闭长者乎？"遂得南出。（《后汉书》卷一上《光武帝纪》）

例二史料：会王郎起，北州扰惑。（吴）汉素闻光武长者，独欲归心。乃说太守彭宠曰："渔阳、上谷突骑，天下所闻也。君何不合二郡精锐，附刘公击邯郸，此一时之功也。"（《后汉书》卷十八《吴盖陈臧列传》）

这两个事例说明，刘秀作为长者在当时社会已得到普遍的认同，深得人心，刘秀的长者声望助其在危机时刻转危为安，归附者益众。刘秀文武兼备，豁达有大度。他长于用兵，善于以少胜多，出奇制胜。刘秀知人善任，有寇恂、任光、赵憙[①]、朱浮[②]、周嘉[③]、刘昆[④]等长者群辅佐。寇恂[⑤]在光武起事之初"据大郡，内得人心，外破苏茂，威震邻敌，功名发闻"。寇恂文能镇守河内，"坚守转运，给足军粮"，协助刘秀建立基业。武破苏茂，辅佐刘秀称帝，创立东汉王朝。寇恂四处征战，攻打隗嚣，降服高峻，为刘秀克定江山立下卓越的功勋。寇恂明习经术，德行高

---

① 《后汉书》卷二十六《伏侯宋蔡冯赵牟韦列传》之《赵憙传》。
② 《后汉书》卷三十三《朱冯虞郑周列传》之《朱浮传》。
③ 《后汉书》卷八十一《独行列传》之《周嘉传》。
④ 《后汉书》卷七十九上《儒林列传》之《刘昆传》。
⑤ 《后汉书》卷十六《邓寇列传》之《寇恂传》。

尚，朝廷倚重，遐迩闻名。他一生戎马，奋其智勇，所得俸禄，却往往厚施亲友故旧和从征将士。寇恂常说："吾因士大夫以致此，其可独享之乎。"寇恂德才兼备，文治武功，威望显著，时人景仰他的长者之风，都认为他有宰相的器量和才能。任光"与世祖破王寻、王邑"①，为刘秀平定天下建立赫赫战功。刘昆由于勤政爱民，史书记载说把老虎都感化了。② 这虽然是夸张，但也说明长者得到认可和歌颂。

汉明帝之后的章帝，也是一个长者皇帝，有"明帝察察，章帝长者"之说。章帝朝没有关于任用长者的记载，不过他本人却是一个长者皇帝，治国有长者风范。汉章帝为政事从宽厚，平徭简赋，承刘秀之风，维持光武中兴的大好局面。③

（二）长者在乡里社会的活动与影响

乡和里是两汉最基本的统治单位、基层组织，乡里构成民间社会。两汉的乡里社会活动，或多或少都含有宗族性质。讨论两汉的乡里社会，不能不说到宗族。在汉代，宗族与宗亲、九族是同等概念，又与"乡里"及"乡党"并称。所以宗族不仅是一个

---

① 《后汉书》卷二十一《任李万邳刘耿列传》之《任光传》。
② 《后汉书》卷七十九《儒林传》之《刘昆传》。
③ 《后汉书》卷三《肃宗孝章帝纪》。

血缘共同体，也是一个地缘共同体①，因此，汉代乡里社会具有浓厚的宗族宗法色彩与地域色彩。所以，乡和里是一个具有宗族性质的地域名称。明白这一事实，将有助于展开长者在乡里社会的论述。因为，研究中国的乡里社会，回避不了宗族与宗族活动。宗族活动通过修族谱、修祠堂、修祖坟、祭祀等活动，以及宗族救济等，可以加强身份认同、凝聚内部力量、产生文化认同等。宗族活动的实施，在增进血缘认同的同时，一定程度上有利于乡里社会的团结。

中国在进入文明社会时没有清算氏族制，统治阶级利用国家政权的强制力量，利用宗法血缘的生理和心理基础，将氏族制发展为宗法制，用宗法血缘的纽带将"家"和"国"联结了起来。中国历史发展的独特路径，使中国人的家族概念很强。在漫长的封建社会，家族兴旺曾一度上升到伦理的高度，儒家思想中就有"不孝有三，无后为大"的观念。在乡村，大的家族人多势众，具有较多的话语权和决策权，而小的家族单门独户，常常没有什么地位。家族势力在乡村的存在，调解了族人争端，维护了社会治安。当外族入侵时，家族势力还能够保护乡土。为了促进乡村的发展，家族势力还注重对家族成员进行教育，组织乡民建设公共福利事业。面对强大的宗族势力，皇权统治没有动摇它的根基，而是将其作为专制统治的基础。当然，随着王朝变迁、人员

---

① 参见刘厚琴:《汉代社会保障体制及其特征》，载《开封大学学报》，2004年第4期；及马新:《两汉乡村社会史》，齐鲁书社1997年版，"两汉乡村中的宗族"。

流动、异姓杂居等因素的影响，家族势力盛衰与社会的变迁交相关联。乡里组织作为中国官僚行政机构的最底层，它与家族宗法有某些分离，其性质也有不同。但是，由于乡里制度与宗族家庭关系最近也最为密切，也由于乡里制度与宗族家庭制度的相似性，所以乡里制度不仅不能完全割断与宗族家庭的脐带关联，而且其中还有着较强的宗族家庭意识。宗族家庭虽然不属于官僚组织系统，但它有着与官僚机构相近的一套制度，加上它分布广阔、凝聚力大，其作用和影响不可低估。可以说，宗族家庭式乡里社会不仅是最大最稳固也是最具生命力的团体与组织单位。纵观中国数千年的历史，乡里社会进行的任何运动都与宗族家庭势力有深刻的关联。乡里制度是中国官僚制度在乡里社会的延伸，它对宗族家庭的影响也是中国官僚政治对宗族家庭的影响。从某种意义上来说，一部乡里制度的发展嬗变史也是一部宗族家庭对乡里制度的影响史。

自秦朝建立郡县以来，历代王朝县以上各级行政区划通过森严的等级制度和层层控制，获得了较强的权威性、统一性和稳定性。正如有的学者所认为的那样，"皇权不下县"，政府一般不直接干预乡村生活，政府管理乡村的目的是征收赋税，摊派徭役，管理户籍，督导生产，教化民众。但封建社会的官僚体系是以县令为终端的，在县以下的乡里通过"有官衔无俸禄"或"无官衔无俸禄"等方式，让宗族领袖充任代理人，国家权力以间接的形式进入乡村，由乡里制度对乡村进行了有效管理，即使在县衙，官员数量也很少。朝廷官员上收不等于削弱对"民间社会"的控制，相反，政府通过培植民间力量，沟通了乡村与国家的关系，将村落社区整合进国家系统，完全控制了对乡村资源的调配，实现了"小政府大管理"的目标。乡里制度作为一个重要的治理工具，无论它的执行愿望和执行形式如何，都要保证它的强迫性，而这种强迫性来自国家的授权。在"王权"和"族权"的共同统治下，乡村社会形成了服从政治管理、认同公共权力的价值取向。虽然历史上王朝兴衰不断，但民间对公共权力的尊重和认同的价值取向却没有受到太大的冲击。

政府在乡村选择的管理者主要是有德行的长者、有名望的乡绅、有财产的地主及还乡的官僚等，这些人往往都读过书，拥有较多的知识和财富上的资源。他们不但在宗族内部拥有家长式的绝对权力和权威，在文盲为基础的古代乡村社会，乡绅的有限知识能够获得平民的敬仰和尊重，从而提升他们的号召力，因此，乡绅能够比较从容地创制和解释乡规民约，用低成本的道德感召力维持乡村的秩序。乡绅的利益离不开乡土，因此他们扮演着双重的角色：作为国家的代理人，他们要帮助国家做事；作为乡村的代表，他们又需要维护村民的共同利益。由于乡村地域辽阔，农民居住相当分散，村庄之间相互隔绝，面对散漫的、平铺的"蜂窝状结构"的自然社会，皇权并不想无所不至地对其进行绝对控制。只要乡绅能够服从国家管理，他们在完成国家交办的任务之后，可以获得有限的自治权。当然，国家也始终注意宗族势力的变化，防止宗族势力越过国家能够容忍的底线。值得注意的是，"乡绅自治"不是"乡民自治"，在家族色彩和血缘意识的作用下，乡村自治逃不脱宗族势力、传统伦理的范畴，乡村的社会控制权和资源配置权实际上掌控在宗族豪强手中，他们制约着乡村政治运作的基本方向。

由于长者群体所具有的权势背景与道德示范影响力，他们在乡里社会既是政治权威，也是道德权威，拥有乡里社会支配权。有一典型事例可作说明。

> 卜式者，河南人也，以田畜为事。……式曰："臣生与人无分争。式邑人贫者贷之，不善者教顺之，所居人皆从式，式何故见冤于人！无所欲言也。"使者曰："苟如此，子何欲而然？"式曰："天子诛匈奴，愚以为贤者宜死节于边，有财者宜输委，如此而匈奴可灭也。"……天子于是以式终长者，故尊显以风百姓。①（《史记》卷三十《平准书》）

卜式生动地陈述了他在乡里社会的影响。下面以卜式为例从以下几个方面对长者在乡里社会的活动及其影响进行阐述。

1. 钱物救济与恤贫

经济上，卜式比较有钱，在乡里扶贫济弱，"式邑人贫者贷之"。长者实施钱物救济与恤贫，承担一部分政府功能。他们的

---

① 《史记》卷三十《平准书》。

钱物救济与恤贫的对象很大部分就是乡里宗族，所以具有一定的地缘性与血缘性。在这里列出来考察，主要还是考虑其分担了本属于政府机构事务的社会救济功能。童恢的父亲仲玉，"遭王凶荒，倾家赈恤，九族乡里赖全者以百数。"（《后汉书·循吏列传》）这个例子中，"九族"是一个宗族概念，而"乡里"是一个行政地域名称。九族乡里的并称，恰恰说明宗族在乡里合族共居性，具有同义互指的意义。这种赈恤既有宗族救助的意义，又具有社会救济的意义。而东汉末年的张邈（张孟卓）①，也好救济穷民众，虽有收买人心之嫌，但毕竟救助穷苦之人。"少以侠闻，振穷救急，倾家无爱，士多归之。"②

2. 文化教育和思想教化

在思想文化教育上，卜式对"不善者教顺之"，对乡里族人，进行思想文化上的教育，使其思想纳入道德规范体系，符合当时社会需求。不过卜式做的只是教育教化的一个方面，下面我们从两个方面进行论述。

（1）兴办私学，收徒授业。

私学是中国古代私人办理的学校，与官学相对而言，历时两千余年，在中国教育史上占有重要的地位。私学产生于春秋时

---

① 《后汉书》卷七十《郑孔荀列传》之《郑太传》："张孟卓东平长者，坐不窥堂。"
② 《三国志》卷七《魏书》。

期，以孔子私学规模最大、影响最深。那时统一的奴隶制国家西周日趋衰落，礼崩乐坏。由"学在官府"变为"学在四夷"。原来西周的官吏到各诸侯国去谋出路，各诸侯国甚至各卿大夫的私门需要士为他们服务，于是争相养士，士的出路渐广，这样就出现了"士"阶层。士的培养也就成为迫切的要求，私学便应运而生。士阶层中出现了各种学派，代表着不同阶级或阶层的利益。各个学派为了培养自己的人才，向各诸侯宣传各自的主张，求各诸侯采纳，以扩大政治上的势力。其中影响较大的是儒、墨、道、法四家，在学术上各家有长短。历代封建帝王基本上并非专取一家，乃合各家成帝王之术，为巩固封建制度和各个王朝的统治服务。这四家均有私学。到了战国时期，秦、齐、楚、燕、韩、赵、魏七国争雄，"邦无定交，士无定主"，士的身价越来越高，养士的风气有增无减，私学更加盛行。"从师"之风盛极一时，于是私学更多，出现"百家争鸣"的局面。

汉武帝时虽宣布"罢黜百家，独尊儒术"，但并没有禁止私学。私学内多传授古文经学。由于私学力量日益增强，至东汉末到了压倒官学的地位。汉代太学生可以向校外的著名经学专家学习，经师大儒往往自立"精舍""精庐"，开门授徒。学习经学是做官的唯一途径，经学极盛，经学大师的学生多至无法容纳，有的可以及门受业，而有的则只要挂上一个名字，便叫作"著录弟子"，不必亲来授业。儒家经学的发展历史，就是中国古代私学发展的历史。官学虽然也起了一定作用，然而对学术发展的最大功劳在于私学。尤其是儒家以外的各家，所以能保存下来，全赖私学，并形成许多新的流派。两晋私学颇发达，名儒聚徒讲学，生徒常有几百或几千人。南朝的官学时兴时废，教育多赖私学维持。北魏虽曾一度禁止私学，但整个北朝为了促进汉化，官学比较发达，私学也颇盛。隋唐官学极盛，私学亦盛。隋朝王通是一个大儒家，门下弟子遍及全国，唐代众卿相多出其门下。

私学不同于官学，不是政府官方创办的学校教育，属于私人办学。刘昆在王莽时期，"教授弟子恒五百人"，影响到县级官吏，"每有行礼，县宰辄率吏属而观之"。建武五年，曾在江陵讲学。① 李膺被免官后，居住纶氏，设帐收授弟子讲学，"教授常千人"②。从这些事例中，我们可以知道，这些长者授徒成百上千，可见其社会影响之广。他们通过自己的授业，不仅传播了文化知识，还培养一批有文化的学生子弟，促进了当地的文化教育事业，一定程度上弥补了官学教育的不足。

（2）长者在乡里社会的教化督导作用

长者的言行举止为乡里社会表率，成为乡里社会道德模范与风向标。他们有许多值得乡里学习称赞的事迹，在乡里社会以身示范，成为其他人学习的榜样，起了重要的教化督导作用。东汉高凤帮助邻里调解争斗，利用自己的劝说化解了一起武斗。史载："邻里有争财者，持兵而斗，凤往解之，不已，乃脱巾叩头，固请曰：'仁义逊让，奈何弃之！'于是争者怀感，投兵谢罪。"③

---

① 《后汉书》卷七十九《儒林传》之《刘昆传》。
② 《后汉书》卷六十七《党锢列传》之《李膺传》。
③ 《后汉书》卷八十三《逸民传》之《高凤传》。

此类例子在《逸民传》中还有很多。汉代"三老"是由乡里所推选，由乡里德高望重的长者担任。他们不是政府官吏，但却职掌乡里教化。《汉书·文帝纪》曰："三老掌教化，凡有孝子顺孙，贞女义妇，让财救患，及学士为民法式者，皆扁表其门，以兴善行。"① 所以作为长者的三老在乡里社会起到举足轻重的作用。《后汉书·樊宏列传》记载："（樊重）资至巨万，而赈赡宗族，恩加乡闾。外孙何氏兄弟争财，重耻之，以田二顷解其忿讼。县中称美，推为三老。年八十余终。其素所假贷人间数百万，遗令焚削文契。责家闻者皆惭，争往偿之，诸子从敕，竟不肯受。"② 为窦长君、窦少君"选长者士之有节行者与居"，结果兄弟两人，"为退让君子，不敢以尊贵骄人"，这都说明长者在乡里起到很好的教化作用。③

以三老为代表的乡里长者，在乡里以德行榜样，言行上以身作则，纠不正之风，表彰善行，调解纷争，教化乡里，督导宗族。他们在维护正常的乡里秩序方面起着官府不可替代的作用。

3. 长者是乡里群众领袖人物，引领社会风尚

（1）爱国亲民的家国情怀

长者是素封的乡里领袖，很有号召力与领导力。"所居人皆

---

① 《汉书》卷四《文帝纪》。
② 《后汉书》卷三十二《樊宏阴识列传》之《樊宏传》。
③ 《史记》卷四十九《外戚世家》之《窦氏传》。

从式",卜式所居的乡里族人都视其为精神与意见领袖,愿意跟随卜式,接受他的领导。我们知道,此时卜式并没有得到政府任命的官职,一介平民却对乡里族人具有某种程度上的支配权,可以"教顺"他们,那么这里力量从何而来?

> 卜式者,河南人也,以田畜为事。……式曰:"臣生与人无分争。式邑人贫者贷之,不善者教顺之,所居人皆从式,式何故见冤于人!无所欲言也。"使者曰:"苟如此,子何欲而然?"式曰:"天子诛匈奴,愚以为贤者宜死节于边,有财者宜输委,如此而匈奴可灭也。"……天子于是以式终长者,故尊显以风百姓。(《史记》卷三十《平准书》)

这段文字形象生动地说明,卜式在小处能做到与乡亲民没有纷争并和睦相处,并能在他们困难时给予帮助。大处很有社会责任感、有担当,当国家面临外敌入侵时,贤者可以以死拒敌,有钱的人可捐资支持军费,体现了"天下兴亡匹夫有责"的爱国情怀,爱国之情跃然纸面,深入人心。爱国之心不仅包含对国家的深情厚谊,而且还包含为国献身的精神,每个人的前途命运都与国家和民族的前途命运紧密相连,国家好,民族好,大家才会好。爱国就要落到实处,用实际行动贡献自己的智力与力量。

卜式的领导力来自周围居住的民众的自愿服从,这些民众乡亲之所以服从,是因为卜式是他们的贴心人、引路人,卜式虽然有钱有势，但不为富不仁，不仗势欺人，反而愿意帮助他们，并与他们和睦相处，从而得到他们的拥戴，这是自然而然形成的心理地位认同，我们应对这种心理地位认同心存敬畏，一个人、一个组织要得到百姓、社会的认同、尊敬很难，但要让它失去却很容易。

重民、忧民、安民、济民、慰民，构成亲民思想的主要方面，其灵魂和精髓是爱民。爱民的人，才会被人爱、被人拥戴，受到广大民众的拥戴和景仰。

这里简要介绍卜式这个人的生平，在他身上有很多人生亮点，值得我们学习。

勤劳致富，爱弟扶弟。卜式，原是西汉河南郡（今河南温县）人，自幼家境贫寒，上不起学，以种田和畜牧为生。父母双亡，家中只有个幼小的弟弟，等到弟弟成人后，卜式把田地房屋财产都给了弟弟，自己只带走畜羊一百多只，进山放牧，过了十多年，他的羊达到一千多只，又自己买了田地房屋。而他弟弟由于只是玩乐而坐吃山空，家产耗尽，于是卜式又屡次把家产分给弟弟，受到邻里的称赞。

捐财助边，济国拒敌。当时汉朝正在和匈奴作战，国库很紧张。卜式上书表示愿意把财产的一半拿出来支援边境战事。于是汉武帝便派遣使者问他："你这样做，是不是想做官呢？"他答道："我从小就放羊，没学过做官的学问，不习惯过官吏的生活，我不愿意做官。"使者接着问："那家中是不是有冤屈打算上告？"他又回答："小人生下来就从不和人争执什么，对我的家乡人，生活困难的我就借他们钱粮，对行为不端正的人，我就开导教诲他。我住的那里，人们都依赖我，对我都很友好。我能有什么冤屈呢？"估计使者也纳闷了，便问："既然是这样，那你拿一半财产出来是想做什么？"卜式老实地回答道："天子讨伐匈奴，我认为有能力的人应该到前线拼死作战，有钱财的人就应该捐献出来，资助军队。这样我们大汉就能把匈奴消灭了。"使者把上面的话汇报给汉武帝，皇帝便把这些话说给丞相公孙弘听，公孙弘说道："这可不符合人的本性。对那些图谋不轨的人，不能为了利益而破坏法纪。请陛下不要答应。"所谓以小人之心度君子之腹，便是如此。于是皇帝一直没回复卜式，这样拖了几年，卜式一直闲置着。卜式回家乡后，继续着种田放牧生活。

过了一年多，又碰到汉军屡次出战，匈奴的浑邪王等投降，朝廷费用很大，仓储府库也空了。到了第二年，大量贫困民众流离迁徙，都靠朝廷供给其吃住，朝廷不能全部供养。卜式便拿出二十万钱给河南的郡守，分给迁徙来的百姓。河南郡守上报了当地富人资助贫民的名册，武帝看见卜式的名字，记起了他，说："这就是从前想捐出家财一半助边的那人吗？"于是，武帝赏赐卜式，把四百戍边人的十二万给养钱归他，卜式又把这些钱通通还给朝廷。此时，富豪之家都争着藏匿钱财，只有卜式偏拿出钱来助边。武帝于是以卜式为长者，因此特别尊显他，以他做榜样教化百姓，便征召他，拜为中郎，赐爵左庶长，又赐予他良田十顷，并诏告天下，想用这样的尊荣显贵来带动其他人。

以放羊喻治国，胸存韬略以报国。最初，卜式不愿做中郎，武帝说："我有羊群养在上林中，想要你去饲牧。"卜式才肯拜为中郎，他穿上布衣，着了草鞋去牧羊。过了一年多，羊长得很肥大且头数也多了。武帝路过，见了这群羊，很称赞卜式。卜式说："不仅牧羊是这样，治理民众也犹如这样。按照时令放养羊，不好的羊把它去掉，不使它带坏羊群。"武帝认为卜式是奇才，就拜他为缑氏县的县令，又拜为齐王太傅，之后转为齐相。

上书尽臣节，精忠以报国。南越吕嘉反，卜式上书道："臣闻主愧臣死。群臣宜尽死节，其驽下者宜出财以佐军，如是则强国不犯之道也。臣愿与子男及临菑习弩博昌习船者请行死之，以尽臣节。"他请求汉武帝批准他父子和齐国熟习舰船的人前往南越效死。皇上认为他很贤德，下诏书道："朕闻报德以德，报怨以直。今天下不幸有事，郡县诸侯未有奋繇直道者也。齐相雅行躬耕，随牧畜悉，辄分昆弟，更造，不为利惑。日者北边有兴，上书助官。往年西河岁恶，率齐人入粟。今又首奋，虽未战，可谓义形于内矣。其赐式爵关内侯，黄金四十斤，田十顷，布告天下，使明知之。"着实把他表扬了一番，又封侯又赐物，又想利用这个来带动天下人。可惜当时全国无人响应，当时列侯数以百计，没有一个人要求从军打南越，汉武帝很生气。正好举行酎祭活动，天下列侯奉命进献黄金助祭。少府检查所献黄金，凡重量不足或成色不好的，皇上命令一律以"不敬"罪加以参劾。结果，因此而被革去爵位的，有一百零六人。辛巳（初六），丞相赵周也被指控"明知列侯所献黄金重量不足,却纵容包庇",被逮捕下狱,赵周自杀。当时的大司农桑弘羊常自诩为计臣能手,说什么"民不加赋,国用自饶"。结果被卜式斥责他"不务大体,专营小利"。

以上事例,无不体现卜式爱国亲民的家国情怀。一首《国家》歌唱得好:"一心装满国/一手撑起家/家是最小国/国是千万家/在世界的国/在天地的家/有了强的国/才有富的家/国的家住在心里/家的国以和矗立/国是荣誉的毅力/家是幸福的洋溢/国的每一寸土地/家的每一个足迹/国与家连在一起/创造地球的奇迹/国是我的国/家是我的家/我爱我的国/我爱我的家/国是我的国/家是我的家/我爱我的国/我爱我的家/我爱我国家"。卜式生活的时代,国家虽然统一,经济恢复发展,但内忧外患依然存在,外有强大的匈奴对汉帝国虎视眈眈,时不时侵边扰民,烧杀掠抢,不得安宁;内有国家对外用兵,国库空虚,王国内乱,中央集权的统治力时时受到挑战,富强的汉帝国之梦处处受到质疑与困扰。在这种国情下,卜式能够正确处理国与家的关系、个人与国家的关系实属不易。他君子爱财取之有道,不与弟弟争家产,用勤劳的双手养羊发家致富,当遇外敌入侵国难当头,甚至内乱之时,能捐家产资助军费,舍小家为大家,在大是大非问题上,能大义凛然,舍生而忘死,难能可贵。说到此,不免想起当今社会一些为富不仁的人,一些没有社会责任感的人,一些贪污腐败的人。所以我们要提倡社会责任感,要有大局意识,家国情怀。

(2) 生活上提倡勤俭节约，引领社会风尚

长者的衣食住行和使用的生活日常用品都成为乡里社会时尚，引起民众的跟风效法。桓帝时，京都长者穿木屐，妇女结婚时，也送木屐，并"作漆画五采为系"，灵帝建宁时，京都长者用苇方笥做妆具，下士都效仿。① 妆具就是梳妆用具，笥是古代较为普遍使用的一种盛物器具，形状如同今日长方体小箱。凡鲜干食物、日常用品，乃至衣着巾饰等都可以盛放。笥多以竹篾、藤皮、苇皮编织，也兼用荆条。制作有精有粗，或髹漆或素面。讲究的笥，还用夹纻胎，外髹漆彩绘，内衬绫罗为里。一般人家都为粗篾编织，杂放什物。苇方笥就是用芦苇等草本植物制作的放日用品的容器，与木屐一样，材料易得廉价。带头倡导使用廉价日用品，是节俭的具体体现，而百姓跟风使用也说明长者在社会生活方面的号召力，受到时人明星般的追捧效仿。

这种例子在现实生活有大量的事实存在，通常被称为名人效应，或明星效应，是指名人的出现所达成的引人注意、强化事物、扩大影响的效应，或人们模仿名人的心理现象。名人效应已经在生活中的方方面面产生深远影响。

公众人物，由于具有社会示范和引领作用，应学学两汉长者，承担自己的社会责任，时刻把爱国爱家爱己有机结合起来，严以修身，严以律己，引领勤劳节俭、爱国爱家的社会新风尚。

---

① 《后汉书》志第十三《五行》一。

结　语

综上所述，长者群体是两汉政治与社会生活中重要的社会势力，他们与两汉的其他社会势力结合交往，更增添了其政治与社会影响力。长者在两汉的政治与社会生活中发挥着重要作用，拥有令人尊敬的社会地位、巨大的社会影响力与号召力。通过以上对两汉长者的考察，得出以下几个结论：

第一，对长者进行界定，并论述成为长者一般需要符合道德、权威及年龄等三方面的条件。

第二，长者是社会思想道德的表率，并与各种社会势力相结合，具有广泛的社会影响。两汉时期，长者的势力与社会影响力处于鼎盛、成熟时期。

第三，长者的政治活动改变两汉的政治环境，影响两汉政治与政局发展，践行亲民务实、勤政廉洁的从政理念，致力于"穷则独善其身，达则兼善天下"的家国情怀和人生抱负的实现。

第四，两汉的长者，在经济、思想文化教育、社会时尚、道德修养上，对乡里社会具有深刻的影响力。

附　表

第一部分　长者指称词语使用频率统计表

表一：前四史"长者"指称词语使用频率统计表

史记	汉书	后汉书	三国志
64	49	44	10

说明，参考表二、表三、表四、表五，其中《史记》中，约11处在先秦时期。此表与正文13页表2-1相重复，但重列于此处有利于附表自成体系。

表二：《史记》"长者"指称词语使用频率统计表

序列	类别	《史记》篇目	次数	先秦	秦	楚汉战争	汉
1	纪	卷七·项羽本纪第七	2		1	1	
2	纪	卷八·高祖本纪第八	5		5		
3	世家	卷三十七·卫康叔世家第七	1	1			
4	世家	卷四十一·越王勾践世家第十一	1	1			
5	世家	卷四十九·外戚世家第十九	1				1
6	世家	卷五十·楚元王世家第二十	1				1
7	世家	卷五十二·齐悼惠王世家第二十二	1				1
8	世家	卷五十四·曹相国世家第二十四	1				1
9	世家	卷五十六·陈丞相世家第二十六	3		1	2	
10	列传	卷六十六·伍子胥列传第六	1	1			
11	列传	卷七十五·孟尝君列传第十五	1	1			

续表

序列	类别	《史记》篇目	次数	先秦	秦	楚汉战争	汉
12	列传	卷七十六·平原君虞卿列传第十六	1	1			
13	列传	卷七十七·魏公子列传第十七	1	1			
14	列传	卷八十六·刺客列传第二十六	3	2			1
15	列传	卷八十九·张耳陈余列传第二十九	1				1
16	列传	卷九十一·黥布列传第三十一	1				1
17	列传	卷九十二·淮阴侯列传第三十二	1				1
18	列传	卷九十七·郦生陆贾列传第三十七	1				1
19	列传	卷一百·季布栾布列传第四十	1				1
20	列传	卷百〇一·袁盎晁错列传第四十一	2				2
21	列传	卷百〇二·张释之冯唐列传第四十二	4				4
22	列传	卷百〇三·万石张叔列传第四十三	7				7
23	列传	卷百〇四·田叔列传第四十四	8				8
24	列传	卷百〇七·魏其武安侯列传第四十七	1				1
25	列传	卷百〇八·韩长孺列传第四十八	1				1
26	列传	卷百一十二·平津侯主父列传第五十二	1				1
27	列传	卷百一十八·淮南衡山列传第五十八	1				1
28	列传	卷百二十·汲郑列传第六十	2				2
29	列传	卷百二十一·儒林列传第六十一	1				1
30	列传	卷百二十五·佞幸列传第六十五	1				1
31	列传	卷百二十六·滑稽列传第六十六	3	2			1
32	列传	卷百二十七·日者列传第六十七	2	1			
33	自序	卷百三十·太史公自序第七十	2				2
		合计	64	11	7	3	43

注：《史记》记载了先秦、秦、楚汉战争时期、西汉前期的历史，为便于分期说明历史分期问题，作《史记》长者指称分期频率统计。

表三：《汉书》"长者"指称词语使用频率统计表

序列	体例	《汉书》所涉体例标题	次数	泛指
1	纪	卷一上·高帝纪第一上	4	2
2	志	卷三十·艺文志第十	1	1
3	传	卷三十一·陈胜项籍传第一	2	
4	传	卷三十二·张耳陈余传第二	1	
5	传	卷三十四·韩彭英卢吴传第四	3	
6	传	卷三十六·楚元王传第六	1	
7	传	卷三十七·季布栾布田叔传第七	6	2
8	传	卷三十八·高五王传第八	1	
9	传	卷三十九·萧何曹参传第九	1	1
10	传	卷四十·张陈王周传第十	3	2
11	传	卷四十三·郦陆朱刘叔孙传第十三	1	
12	传	卷四十六·万石卫直周张传第十六	7	
13	传	卷四十九·爰盎晁错传第十九	1	
14	传	卷五十张·冯汲郑传第二十	4	2
15	传	卷五十二·窦田灌韩传第二十二	1	
16	传	卷五十八·公孙弘卜式儿宽传第二十八	1	
17	传	卷六十二·司马迁传第三十二	1	1
18	传	卷六十四上·严朱吾丘主父徐严终王贾传第三十四上	1	
19	传	卷七十六·赵尹韩张两王传第四十六	2	1
20	传	卷八十九·循吏传第五十九	2	
21	传	卷九十二·游侠传第六十二	3	3
22	传	卷九十三·佞幸传第六十三	1	
23	传	卷九十七·上外戚传第六十七上	1	1
24	传	卷一百上·叙传第七十上	1	
		合计	49	16

表四：《后汉书》"长者"指称词语使用频率统计表

序列	体例	《后汉书》篇目	次数	泛指
1	纪	卷一上·光武帝纪第一上	1	
2	纪	卷三·肃宗孝章帝纪第三	2	
3	列传	卷十三·隗嚣公孙述列传第三	2	1
4	列传	卷十六·邓寇列传第六	1	
5	列传	卷十八·吴盖陈臧列传第八	1	
6	列传	卷二十一·任李万邳刘耿列传第十一	1	
7	列传	卷二十四·马援列传第十四	3	3
8	列传	卷二十五·卓鲁魏刘列传第十五	3	
9	列传	卷二十六·伏侯宋蔡冯赵牟韦列传第十六	1	
11	列传	卷二十七·宣张二王杜郭吴承郑赵列传第十七	1	1
12	列传	卷二十八上·桓谭冯衍列传第十八上	3	3
13	列传	卷三十三·朱冯虞郑周列传第二十三	1	
14	列传	卷三十四·梁统列传第二十四	1	1
15	列传	卷三十六·郑范陈贾张列传第二十六	1	
16	列传	卷二十九·刘赵淳于江刘周赵列传第二十	1	
17	列传	卷四十一·第五钟离宋寒列传第三十一	1	
18	列传	卷四十三·朱乐何列传第三十三	1	1
19	列传	卷五十四·杨震列传第四十四	1	1
20	列传	卷五十五·章帝八王传第四十五	1	
21	列传	卷五十六·张王种陈列传第四十六	2	2
22	列传	卷六十四·吴延史卢赵列传第五十四	1	1
23	列传	卷六十五·皇甫张段列传第五十五	1	
24	列传	卷六十七·党锢列传第五十七	1	
25	列传	卷六十八·郭符许列传第五十八	1	1
26	列传	卷七十·郑孔荀列传第六十	1	

续表

序列	体例	《后汉书》篇目	次数	泛指
27	列传	卷七十三·刘虞公孙瓒陶谦列传第六十三	1	
28	列传	卷七十四下·袁绍刘表列传第六十四下	1	
29	列传	卷七十六·循吏列传第六十六	2	
30	列传	卷七十八·宦者列传第六十八	1	
31	列传	卷七十九上·儒林列传第六十九上	1	
32	列传	卷八十一·独行列传第七十一	1	
33	列传	卷八十三·逸民列传第七十三	1	
34	列传	志第十三·五行一	2	2
		合计	44	17

表五：《三国志》"长者"指称词语使用频率统计表

序列	体例	三国国别	《三国志》篇目	次数	泛指
1	传	魏	卷十一·魏书十一·袁张凉国田王邴管传	1	1
2	传	魏	卷十三·魏书十三·钟繇华歆王朗传	1	
3	传	魏	卷十五·魏书十五·刘司马梁张温贾传	1	1
4	传	魏	卷十八·魏书十八·二李臧文吕许典二庞阎传	2	
6	传	吴	卷五十二·吴书七·张顾诸葛步传	1	
7	传	吴	卷五十三·吴书八·张严程阚薛传	1	
8	传	吴	卷五十八·吴书十·三·陆逊传	1	
9	传	吴	卷六十·吴书十五贺全吕周钟离传	1	
			合计	10	2

第二部分　长者人物统计表

表六：《史记》中的"长者"人物及其出处

《史记》篇目	长者	评定时间	评定人
项羽本纪	陈婴	秦末	时人所称
	乌江亭长	汉高祖五年	项王羽
高祖本纪	沛公刘邦	秦末	怀王诸老将
	沛公刘邦	秦末	郦食其
	郦食其	二世三年二月	自称
平准书	卜式	汉武帝元狩二年	汉武帝
越王勾践世家	范蠡朱公之长子	周元王四年后	
楚元王世家	刘邦长兄嫂，非长者	汉高祖七年四月	刘邦
齐悼惠王世家	代王母家薄氏	汉文帝即位之年	琅邪王及大臣
陈丞相世家	汉王刘邦	楚汉相争之时	王陵母
伍子胥列传	伍子胥	战国时期	自称
孟尝君列传	冯驩	战国时期	传舍长
魏公子列传	魏公子	战国时期	隐士侯嬴
刺客列传	樊将军	战国时期秦灭赵后	燕太子丹
张耳陈余列传	赵王张敖	汉高祖七年	贯高、赵午等
黥布列传	贲赫	汉高祖十一年	黥布姬
郦生陆贾列传	郦食其	二世三年二月	自称
袁盎晁错列传	袁盎	汉景帝	梁王刺客
张释之冯唐列传	绛侯周勃	汉文帝时	汉文帝
	东阳侯张相如	汉文帝时	汉文帝

续表

《史记》篇目	长者	评定时间	评定人
万石张叔列传	建陵侯卫绾	汉文帝时	汉文帝
	建陵侯卫绾	汉景帝前七年	汉景帝
	塞侯直不疑	汉文帝时	时人所称
	张叔	文、景、武三朝	时人所称及官属
田叔列传	赵王张敖	汉高祖七年	贯高、赵午等
	田叔	汉文帝初立	汉文帝
	孟舒	汉文帝初立	田叔
魏其武安侯列传	灌夫	元光四年夏	自称
韩长孺列传第	韩安国	汉武帝时	司马迁
平津侯主父列传	孔车	汉武帝元朔二年	汉武帝
儒林列传	儿宽	汉武帝时	张汤
佞幸列传	北宫伯子	汉文帝时	时人所称
日者列传	司马季主	汉文帝时	自称

注：此表所列长者人物，都是在《史记》中直接被称为长者的人物，刘邦长兄嫂是个特例与例外。

表七：《汉书》中的长者的人物及其出处

《汉书》篇目	长者	评定时间	评定人
高帝纪	沛公	秦末	怀王诸老将
	郦食其	秦末	自称
陈胜项籍传	陈婴	秦二年	
	乌江亭长	汉高祖五年	项羽
张耳陈余传	赵王张敖	汉高祖七年	贯高等
韩彭英卢吴传	韩信。非长者	汉高祖六年	钟离眛
	贲赫	汉高祖十一年	布有所幸姬

续表

《汉书》篇目	长者	评定时间	评定人
季布栾布田叔传	曹丘生．非长者	汉文帝时	季布
	田叔	汉文帝时	汉文帝
	孟舒	汉文帝时	田叔
高五王传	代王母家薄氏	汉文帝即位之年	大臣
陈王周传	汉王刘邦	楚汉相争之时	王陵母
郦陆朱刘叔孙传	郦食其	二世三年二月	自称
万石卫直周张传	卫绾	汉景帝前七年	汉景帝
	直不疑	汉文帝时	时人
	张欧	文、景、武三朝	时人
爰盎晁错传	爰盎	汉景帝	刺客
张冯汲郑传	绛侯周勃	汉文帝时	汉文帝
	东阳侯张相如	汉文帝时	汉文帝
窦田灌韩传	灌夫	汉武帝时	灌夫
公孙弘卜式儿宽传	卜式	汉武帝元狩二年	汉武帝
严朱吾丘主父徐严终王贾传	孔车	汉武帝元朔二年	汉武帝
赵尹韩张两王传	张敞	汉宣帝	闾里百姓
循吏传	黄霸	汉宣帝	汉宣帝
佞幸传	北宫伯子	汉文帝时	时人所称
叙传	汉王刘邦	楚汉相争之时	王陵母

表八：《后汉书》中的长者人物及其出处

《后汉书》篇目	长者	评定时间	评定人
光武帝纪	刘秀	更始二年正月	门长
肃宗孝章帝纪	东汉章帝	三国曹丕	魏文帝
	东汉章帝		史书作者
隗嚣公孙述列传	隗嚣	建武六年（公元30年）	刘秀
邓寇列传	寇恂	建武十二年前（公元36年）	时人所称
吴盖陈臧列传	光武刘秀	更始年间，约公元23-24年	吴汉
任李万邳刘耿列传	任光	更始年间，约公元23-24年	军人
卓鲁魏刘列传	卓茂	孔光任丞相时	孔光
	刘宽	顺帝时或后	失牛者及海内
伏侯宋蔡冯赵牟韦列传	赵憙	邓奉反时（建武二年）	光武帝
朱冯虞郑周列传	朱浮		史书作者
郑范陈贾张列传	皇太子及山阳王荆	建武中	虎贲中郎将梁松
刘赵淳于江刘周赵列传	赵孝	王莽时	邮亭亭长
第五钟离宋寒列传	汉章帝	第五伦为三公时	史书作者
章帝八王传	章帝		史书作者
皇甫张段列传	段颎	桓帝延熹四年	京师
党锢列传	李膺		
郑孔荀列传	张孟卓	董卓当政时	郑太

续表

《后汉书》篇目	长者	评定时间	评定人
刘虞公孙瓒陶谦列传	刘虞	汉献帝时	冀州刺史韩馥、渤海太守袁绍及山东诸将
袁绍刘表列传	刘表	汉献帝时	史书作者
循吏列传	钟离意	明帝	史书作者
	刘宠	延熹建宁年间	时人所称
宦者列传	延笃		世称
儒林列传	刘昆	建武二十二年	光武帝
独行列传	周嘉	光武帝时	光武帝
逸民列传	梁鸿	肃宗（为汉章帝的庙号）	邻家耆老

表九：《三国志》中的长者人物及其出处

《三国志》篇目	长者	评定时间	评定人
魏书·袁张凉国田王邴管传	田畴		
魏书·钟繇华歆王朗传	华歆	东汉汉献帝时	孙权
魏书·臧文吕许典二庞阎传	李典		军中
	阎温	东汉汉献帝时	自称
魏书·徐胡二王传	胡通达	东汉汉献帝时	曹操
吴书·张顾诸葛步传	张承，顾邵		史书作者
吴书·张严程阚薛传	严畯	吴孙权时	史书作者
吴书·陆逊传	陆逊	吴孙权时	孙权
吴书·贺全吕周钟离传	钟离牧		史记作者

第三部分　长者出身与任职统计表

表十：《史记》与《汉书》中长者人物出身与任职等统计

人物	籍贯	出身	职务（职业）	为人	为学
陈婴			东阳令	素信谨	
乌江亭长	乌江		亭长		
刘邦	沛丰		泗水亭长、沛公、汉王、皇帝	仁而爱人，喜施，意豁，好色，大度	
郦食其	陈留高阳人		监门、广野君	然县中贤豪不敢役，县中皆谓之狂生	好读书
卜式	河南	以田畜为事	郎、缑氏令、成皋令、齐王太傅	不爱财，以财助弟资国	
代王母家薄氏		父吴人，姓薄氏，秦时与故魏王宗家女魏媪通			
伍子胥	楚人	家世有名于楚	吴将	刚戾忍	
冯驩			宾客状貌甚辩，无他伎能		
魏公子	魏国人	魏昭王子少子而魏安厘王异母弟	信陵君、曾为魏将兵拒秦	仁而下士	
樊于期		秦降将	燕大将军		
张敖	大梁	赵王张耳子	汉赵王		
贡赫			布中大夫、侍中		
袁盎	楚人	父曾为群盗	中郎、舍人、太常、楚相、陇西都尉、齐相、吴相	仁爱、公正	

续表

人物	籍贯	出身	职务（职业）	为人	为学
周勃	沛人	织薄曲为生	绛侯、太尉、丞相		
东阳侯张相如			将军、太子太傅、东阳侯		
卫绾	代大陵	戏车为郎	将、中郎将、河闲王太傅、中尉、建陵侯、太子太傅、御史大夫、丞相	敦厚	
直不疑	南阳		郎、太中大夫、御史大夫、塞侯	宽大、恕人、不好立名称	学老子言
张叔		安丘侯说之庶子	常为九卿、御史大夫	宽大爱人	治刑名家
田叔	赵陉城	齐田氏苗裔也	张敖旧臣、汉中守、鲁相		学黄老术
孟舒			张敖旧臣、云中守		
灌夫	颍阴人	夫父张孟，尝为颍阴侯婴舍人，得幸，因进之至二千石，故蒙灌氏姓为灌孟	大仆	刚直使酒，不好面谀	夫不喜文学
韩安国	梁成安		梁中大夫、梁内史、北地都尉、大司农、御史大夫	出于忠厚焉。贪嗜于财	受韩子、杂家说

续表

人物	籍贯	出身	职务（职业）	为人	为学
孔车			主父偃宾客		
儿宽	千乘		廷尉史、御史大夫	温良，有廉智，自持，敏于文，口不能发明	通尚书
北宫伯子			宦者	爱人	
司马季主	楚人		卜者		
张敞	平阳人	祖父孺为上谷太守，徙茂陵。敞父福事孝武帝，官至光禄大夫	胶东相、京兆尹	敏疾，赏罚分明，见恶辄取	治《春秋》
黄霸	淮阳阳夏	以豪杰役使徙云陵	京兆尹、颍川太守、关内侯、太子太傅、迁御史大夫、丞相、封建成侯		少学律令

注：统计源引自人物纪传，纪传索引请参考表六与表七。

表十一：《后汉书》中长者人物出身与任职等统计

所涉人物	籍贯	出身	职务（职业）	为人	为学
刘秀	南阳蔡阳	汉景帝后裔，汉高祖九世孙	皇帝		受尚书，略通大义
东汉章帝		显宗明帝刘庄第五子	皇帝	少宽容、事从宽厚，平徭简赋	好儒术
隗嚣	天水成纪	少仕州郡	割据称雄	谦恭爱士，倾身引接为布衣交	素有名，好经书
寇恂	上谷昌平	世为著姓	河内太守，汝南太守，"云台二十八将"之一	所得秩奉，厚施朋友	经明行修

续表

所涉人物	籍贯	出身	职务（职业）	为人	为学
任光	南阳宛		乡啬夫、郡县吏，云台二十八将之一，阿陵侯	少忠厚，为乡里所爱	
卓茂	南阳宛	父祖皆至郡守	侍郎、太傅，封褒德侯	性宽仁恭爱	究极师法，称为通儒
刘宽	华阴		太中大夫、太尉、昭烈侯	有德量，涵养深厚	
赵憙	南阳宛		五威偏将军、中郎将、封勇功侯、太尉、节乡侯、太傅	少有节操	
朱浮	沛国萧		大司马主簿、偏将军、大司空、新息侯		
皇太子及山阳王荆		刘秀子			
赵孝	沛国蕲人	父普，王莽时为田禾将军	太尉府、谏议大夫、侍中、长乐卫尉	孝悌	
段颎	武威姑臧人	西域都护段会宗从曾孙	宪陵园丞陵阳令、中郎将、功封列侯、太尉		
中大夫	尚游侠，轻财贿	长乃折节好古学			
李膺	颍川襄城人	祖父修，安帝时为太尉。父益，赵国相	青州刺史、渔阳太守、蜀郡太守、司隶校尉	性简亢，无所交接	唯以同郡荀淑、陈寔为师友
张孟卓（张邈）	东平		陈留太守	少以侠闻，名列"八厨"之一	

注：统计源引自人物纪传，纪传索引请参考表八。

续表十一：《后汉书》中长者人物出身与任职等统计

所涉人物	籍贯	出身	职务（职业）	为人	为学
刘虞	东海郯人	祖父嘉，光禄勋，汉室宗亲	幽州刺史、甘陵相、太尉、封容丘侯	襄贲励德，维城燕北。仁能治下，忠以卫国	虞通五经（注）
刘表	山阳高平	汉室宗亲	镇南将军、荆州牧、成武侯	少时知名于世，与七位贤士同号为"八俊"	
钟离意	会稽山阴人		少为郡督邮、尚书仆射、鲁相		
刘宠	东莱牟平	齐悼惠王之后也	司空、司徒、太尉	仁惠为民所爱	明经
滕延	北海人		济北相、京兆尹	有理名	
刘昆	陈留东昏	梁孝王之胤也	议郎、侍中、弘农太守、光禄勋、骑都		少习容礼。受施氏易于沛人戴宾
周嘉	汝南安城	高祖父燕，宣帝时为郡决曹掾。燕有五子，皆至刺史、太守	尚书侍郎、零陵太守	信、义	
梁鸿	扶风平陵	父让，王莽时为城门校尉，封修远伯		尚节介	后受业太学，博览无不通，而不为章句

备注：统计源引自人物纪传，纪传索引请参考表八。

前四史词语"长者"段句摘录集

《史记》长者摘录集

一、本纪

编号：SJ001

陈婴者，故东阳令史，居县中，素信谨，称为长者。东阳少年杀其令，相聚数千人，欲置长，无适用，乃请陈婴。婴谢不能，遂强立婴为长，县中从者得二万人。少年欲立婴便为王，异军苍头特起。陈婴母谓婴曰："自我为汝家妇，未尝闻汝先古之有贵者。今暴得大名，不祥。不如有所属，事成犹得封侯，事败易以亡，非世所指名也。"婴乃不敢为王。谓其军吏曰："项氏世世将家，有名于楚。今欲举大事，将非其人，不可。我倚名族，亡秦必矣。"于是众从其言，以兵属项梁。

摘自：《史记》卷七《项羽本纪》第七。

[《史记》，（西汉）司马迁撰。（宋·裴骃集解，唐·司马贞索隐，唐·张守节正义）——中华书局1982年版（2009年6月重印），以下版本相同），第298页]

按：陈婴，"素信谨"，为人向来诚信、慎重小心从而被称为"长者"，可知"长者"一词具有道德规范的意义。

编号：SJ002

于是项王乃欲东渡乌江。乌江亭长檥船待，谓项王曰："江东虽小，地方千里，众数十万人，亦足王也。愿大王急渡。今独臣有船，汉军至，无以渡。"项王笑曰："天之亡我，我何渡为！且籍与江东子弟八千人渡江而西，今无一人还，纵江东父兄怜而王我，我何面目见之？纵彼不言，籍独不愧于心乎？"乃谓亭长曰："吾知公长者。吾骑此马五岁，所当无敌，尝一日行千里，不忍杀之，以赐公。"乃令骑皆下马步行，持短兵接战。

摘自：《史记》卷七《项羽本纪》第七，第336页。

按：项羽称乌江亭长为"长者"，事出有因，此时乌江亭长出于对生命的关怀欲救危难中的项羽。乌江亭长此时的行为不得不令人尊敬。项羽称其为长者，不足为怪了。

编号：SJ003

当是时，秦兵强，常乘胜逐北，诸将莫利先入关。独项羽怨秦破项梁军，奋，愿与沛公西入关。怀王诸老将皆曰："项羽为人僄悍猾贼。项羽尝攻襄城，襄城无遗类，皆坑之，诸所过无不残灭。且楚数进取，前陈王、项梁皆败。不如更遣长者扶义而西，告谕秦父兄。秦父兄苦其主久矣，今诚得长者往，毋侵暴，宜可下。今项羽僄悍，今不可遣。独沛公素宽大长者，可遣。"卒不许项羽，而遣沛公西略地，收陈王、项梁散卒。乃道砀至成阳，与杠里秦军夹壁，破（魏）〔秦〕二军。楚军出兵击王离，大破之。

摘自：《史记》卷八《高祖本纪》第八，第256至257页。

按：项羽的强悍残灭对比刘邦的宽大，联系此后刘邦入主关中的"约法三章"，宽而爱民的刘邦形象呈现，长者之称也实至名归矣。

编号：SJ004

沛公引兵西，遇彭越昌邑，因与俱攻秦军，战不利。还至栗，遇刚武侯，夺其军，可四千余人，并之。与魏将皇欣、魏申徒武蒲之军并攻昌邑，昌邑未拔。西过高阳。郦食其（谓）〔为〕监门，曰："诸将过此者多，吾视沛公大人长者。"乃求见说沛公。沛公方踞床，使两女子洗足。郦生不拜，长揖，曰："足下必欲诛无道秦，不宜踞见长者。"于是沛公起，摄衣谢之，延上坐。食其说沛公袭陈留，得秦积粟。乃以郦食其为广野君，郦商为将，将陈留兵，与偕攻开封，开封未拔。西与秦将杨熊战白马，又战曲遇东，大破之。杨熊走之荥阳，二世使使者斩以徇。南攻颍阳，屠之。因张良遂略韩地轘辕。

摘自：《史记》卷八《高祖本纪》第八，第257至258页。

按：食其自称"长者"，并称刘邦为"长者"，但此两者内在含义却不同，前者为年长者之义，后者为德行令人尊敬之义。

二、书

编号：SJ005

初，卜式者，河南人也，以田畜为事。亲死，式有少弟，弟壮，式脱身出分，独取畜羊百余，田宅财物尽予弟。式入山牧十余岁，羊致千余头，买田宅。而其弟尽破其业，式辄复分予弟者数矣。是时汉方数使将击匈奴，卜式上书，愿输家之半县官助边。天子使使问式："欲官乎？"式曰："臣少牧，不习仕宦，不愿也。"使问曰："家岂有冤，欲言事乎？"式曰："臣生与人无分争。式邑人贫者贷之，不善者教顺之，所居人皆从式，式何故见冤于人！无所欲言也。"使者曰："苟如此，子何欲而然？"式曰："天子诛匈奴，愚以为贤者宜死节于边，有财者宜输委，如此而匈奴可灭也。"使者具其言入以闻。天子以语丞相弘。弘曰："此非人情。不轨之臣，不可以为化而乱法，愿陛下勿许。"于是上久不报式，数岁，乃罢式。式归，复田牧。岁余，会军数出，浑邪王等降，县官费众，仓府空。其明年，贫民大徙，皆仰给县官，无以尽赡。卜式持钱二十万予河南守，以给徙民。河南上富人助贫人者籍，天子见卜式名，识之，曰"是固前而欲输其家半助边"，乃赐式外繇四百人。式又尽复予县官。是时富豪皆争匿财，唯式尤欲输之助费。天子于是以式终长者，故尊显以风百姓。

摘自：《史记》卷三十《平准书》第八，第1431至1432页。

按：卜式轻财取义，被天子称为长者。

三、世家

编号：SJ006

周公旦惧康叔齿少，乃申告康叔曰："必求殷之贤人君子长者，问其先殷所以兴，所以亡，而务爱民。"告以纣所以亡者以淫于酒，酒之失，妇人是用，故纣之乱自此始。为梓材，示君子可法则。故谓之康诰、酒诰、梓材以命之。康叔之国，既以此命，能和集其民，民大说。

摘自：《史记》卷三十七《卫康叔世家》第七，第1590页。

按：君子长者，在此合用，为第一次在《史记》中使用，即君子者，长者也。可释为有德行之人。

编号：SJ007

至，其母及邑人尽哀之，唯朱公独笑，曰："吾固知必杀其弟也！彼非不爱其弟，顾有所不能忍者也。是少与我俱，见苦，为生难，故重弃财。至如少弟者，生而见我富，乘坚驱良逐狡兔，岂知财所从来，故轻弃之，非所惜吝。前日吾所为欲遣少子，固为其能弃财故也。而长者不能，故卒以杀其弟，事之理也，无足悲者。吾日夜固以望其丧之来也。"

摘自：《史记》卷四十一《越王勾践世家》第十一，第

1755 页。

按:"长者"相对于"少子"而言,前对兄,后对弟。长者即为相对年长者的意思。

编号:SJ008

吴伐越,堕会稽,得骨节专车。吴使使问仲尼:"骨何者最大?"仲尼曰:"禹致群神于会稽山,防风氏后至,禹杀而戮之,其节专车,此为大矣。"吴客曰:"谁为神?"仲尼曰:"山川之神足以纲纪天下,其守为神,社稷为公侯,皆属于王者。"客曰:"防风何守?"仲尼曰:"汪罔氏之君守封、禹之山,为厘姓。在虞、夏、商为汪罔,于周为长翟,今谓之大人。"客曰:"人长几何?"仲尼曰:"僬侥氏三尺,短之至也。长者不过十之,数之极也。"于是吴客曰:"善哉圣人!"

摘自:《史记》卷四十七《孔子世家》第十七,第 1912 至 1913 页。

按:长者,是为高度、身高最高之义,与度量衡相关。

编号:SJ009

绛侯、灌将军等曰:"吾属不死,命乃且县此两人。两人所出微,不可不为择师傅宾客,又复效吕氏大事也。"于是乃选长者士之有节行者与居。窦长君、少君由此为退让君子,不敢以尊贵骄人。(1974)

摘自:《史记》卷四十九《外戚世家》第十九,第 1974 页。

按：长者，士之有节行者也。近朱者赤，受长者影响，虽尊贵，但也可学会退让君子，不敢以尊贵骄人。

编号：SJ010

高祖兄弟四人，长兄伯，伯蚤卒。始高祖微时，尝辟事，时时与宾客过巨嫂食。嫂厌叔，叔与客来，嫂详为羹尽，栎釜，宾客以故去。已而视釜中尚有羹，高祖由此怨其嫂。及高祖为帝，封昆弟，而伯子独不得封。太上皇以为言，高祖曰："某非忘封之也，为其母不长者耳。"于是乃封其子信为羹颉侯。而王次兄仲于代。

摘自：《史记》卷五十《楚元王世家》第二十，第1987页。

按：因其母不符合长者行为，为人小气不诚言，不为兄嫂所为，而影响其子的封侯置王。此长者兼有长辈而为德行之义。

编号：SJ011

大臣议欲立齐王，而琅邪王及大臣曰："齐王母家驷钧，恶戾，虎而冠者也。方以吕氏故几乱天下，今又立齐王，是欲复为吕氏也。代王母家薄氏，君子长者；且代王又亲高帝子，于今见在，且最为长。以子则顺，以善人则大臣安。"于是大臣乃谋迎立代王，而遣朱虚侯以诛吕氏事告齐王，令罢兵。

摘自：《史记》卷五十二《齐悼惠王世家》第二十二，第2003至2004页。

按：代王子以母贵，母家薄氏，君子长者，代王就被迎而为帝。君子长者，在此合用，为第二次在《史记》中使用，即君子者，长者也。长者含有德行之义。

编号：SJ012

择郡国吏木诎于文辞，重厚长者，即召除为丞相史。吏之言文刻深，欲务声名者，辄斥去之。日夜饮醇酒。卿大夫已下吏及宾客见参不事事，来者皆欲有言。至者，参辄饮以醇酒，间之，欲有所言，复饮之，醉而后去，终莫得开说，以为常。

摘自：《史记》卷五十四《曹相国世家》第二十四，第2029页。

按：重厚长者，可以为官。

编号：SJ013

及平长，可娶妻，富人莫肯与者，贫者平亦耻之。久之，户牖富人有张负，张负女孙五嫁而夫辄死，人莫敢娶。平欲得之。邑中有丧，平贫，侍丧，以先往后罢为助。张负既见之丧所，独视伟平，平亦以故后去。负随平至其家，家乃负郭穷巷，以弊席为门，然门外多有长者车辙。张负归，谓其子仲曰："吾欲以女孙予陈平。"张仲曰："平贫不事事，一县中尽笑其所为，独奈何予女乎？"负曰："人固有好美如陈平而长贫贱者乎？"卒与女。为平贫，乃假贷币以聘，予酒肉之资以内妇。负诫其孙曰："毋以贫故，事人不谨。事兄伯如事父，事嫂如母。"平既娶张氏女，赍用益饶，游道日广。

摘自：《史记》卷五十六《陈丞相世家》第二十六，第2051至2052页。

按：交友长者，可增声望，论人才。

编号：SJ014

平遂至修武降汉，因魏无知求见汉王，汉王召入。是时万石君奋为汉王中涓，受平谒，入见平。平等七人俱进，赐食。王曰："罢，就舍矣。"平曰："臣为事来，所言不可以过今日。"于是汉王与语而说之，问曰："子之居楚何官？"曰："为都尉。"是日乃拜平为都尉，使为参乘，典护军。诸将尽讙，曰："大王一日得楚之亡卒，未知其高下，而即与同载，反使监护军长者！"汉王闻之，愈益幸平。遂与东伐项王。至彭城，为楚所败。引而还，收散兵至荥阳，以平为亚将，属于韩王信，军广武。

摘自：《史记》卷五十八《陈丞相世家》第二十六，第2053至2054页。

按：长者。

编号：SJ015

王陵者，故沛人，始为县豪，高祖微时，兄事陵。陵少文，任气，好直言。及高祖起沛，入至咸阳，陵亦自聚党数千人，居南阳，不肯从沛公。及汉王之还攻项籍，陵乃以兵属汉。项羽取陵母置军中，陵使至，则东乡坐陵母，欲以招陵。陵母既私送使者，泣曰："为老妾语陵，谨事汉王。汉王，长者也，无以老妾故,持二心。妾以死送使者。"遂伏剑而死。项王怒,烹陵母。陵卒从汉王定天下。以善雍齿,雍齿,高帝之仇,而陵本无意从高帝,以故晚封,为安国侯。

摘自:《史记》卷五十六《陈丞相世家》第二十六,第2059至2060页。

按:刘邦,长者。

四、列传

编号:SJ016

吴太宰嚭既与子胥有隙,因谗曰:"子胥为人刚暴,少恩,猜贼,其怨望恐为深祸也。前日王欲伐齐,子胥以为不可,王卒伐之而有大功。子胥耻其计谋不用,乃反怨望。而今王又复伐齐,子胥专愎强谏,沮毁用事,徒幸吴之败以自胜其计谋耳。今王自行,悉国中武力以伐齐,而子胥谏不用,因辍谢,详病不行。王不可不备,此起祸不难。且嚭使人微伺之,其使于齐也,乃属其子于齐之鲍氏。夫为人臣,内不得意,外倚诸侯,自以为先王之谋臣,今不见用,常鞅鞅怨望。愿王早图之。"吴王曰:"微子之言,吾亦疑之。"乃使使赐伍子胥属镂之剑,曰:"子以此死。"伍子胥仰天叹曰:"嗟乎!谗臣嚭为乱矣,王乃反诛我。我令若父霸。自若未立时,诸公子争立,我以死争之于先王,几不得立。若既得立,欲分吴国予我,我顾不敢望也。然今若听谀臣言以杀长者。"乃告其舍人曰:"必树吾墓上以梓,令可以为器;而抉吾眼县吴东门之上,以观越寇之入灭吴也。"乃自刭死。

吴王闻之大怒，乃取子胥尸盛以鸱夷革，浮之江中。吴人怜之，为立祠于江上，因命曰胥山。

摘自：《史记》卷六十六《伍子胥列传》第六，第2179至2180页。

按：伍子胥自称长者。

编号：SJ017

尝君时相齐，封万户于薛。其食客三千人。邑人不足以奉客，使人出钱于薛。岁余不入，贷钱者多不能与其息，客奉将不给。孟尝君忧之，问左右："何人可使收债于薛者？"传舍长曰："代舍客冯公形容状貌甚辩，长者，无他伎能，宜可令收债。"孟尝君乃进冯驩而请之曰："宾客不知文不肖，幸临文者三千余人，邑人不足以奉宾客，故出息钱于薛。薛岁不入，民颇不与其息。今客食恐不给，愿先生责之。"冯驩曰；"诺。"辞行，至薛，召取孟尝君钱者皆会，得息钱十万。乃多酿酒，买肥牛，召诸取钱者，能与息者皆来，不能与息者亦来，皆持取钱之券书合之。齐为会，日杀牛置酒。酒酣，乃持券如前合之，能与息者，与为期；贫不能与息者，取其券而烧之。曰："孟尝君所以贷钱者，为民之无者以为本业也；所以求息者，为无以奉客也。今富给者以要期，贫穷者燔券书以捐之。诸君强饮食。有君如此，岂可负哉！"坐者皆起，再拜。

摘自：《史记》卷七十五《孟尝君列传》第十五，第2359至2360页。

按：长者，可言道德美好者。

编号：SJ018

赵王计未定，楼缓从秦来，赵王与楼缓计之，曰："予秦地（何）如毋予，孰吉？"缓辞让曰："此非臣之所能知也。"王曰："虽然，试言公之私。"楼缓对曰："王亦闻夫公甫文伯母乎？公甫文伯仕于鲁，病死，女子为自杀于房中者二人。其母闻之，弗哭也。其相室曰："焉有子死而弗哭者乎？"其母曰："孔子，贤人也，逐于鲁，而是人不随也。今死而妇人为之自杀者二人，若是者必其于长者薄而于妇人厚也。"故从母言之，是为贤母；从妻言之，是必不免为妒妻。故其言一也，言者异则人心变矣。今臣新从秦来而言勿予，则非计也；言予之，恐王以臣为为秦也：故不敢对。使臣得为大王计，不如予之。"王曰："诺。"

摘自：《史记》卷七十六《平原君虞卿列传》第十六，第2373页。

按：长者，年龄大，辈分高也。

编号：SJ019

魏有隐士曰侯嬴，年七十，家贫，为大梁夷门监者。公子闻之，往请，欲厚遗之。不肯受，曰："臣修身絜行数十年，终不以监门困故而受公子财。"公子于是乃置酒大会宾客。坐定，公子从车骑，虚左，自迎夷门侯生。侯生摄敝衣冠，直上载公子上坐，不让，欲以观公子。公子执辔愈恭。侯生又谓公子曰："臣有客在市屠中，愿枉车骑过之。"公子引车入市，侯生下见其客朱亥，俾倪故久立与其客语，微察公子。公子颜色愈和。当是时，魏将相宗室宾客满堂，待公子举酒。市人皆观公子执辔。从骑皆窃骂侯生。侯生视公子色终不变，乃谢客就车。至家，公子引侯生坐上坐，徧赞宾客，宾客皆惊。酒酣，公子起，为寿侯生前。侯生因谓公子曰："今日嬴之为公子亦足矣。嬴乃夷门抱关者也，而公子亲枉车骑，自迎嬴于众人广坐之中，不宜有所过，今公子故过之。然嬴欲就公子之名，故久立公子车骑市中，过客以观公子，公子愈恭。市人皆以嬴为小人，而以公子为长者能下士也。"于是罢酒，侯生遂为上客。

摘自：《史记》卷七十七《魏公子列传》第十七，第 2378 至 2379 页。

按：在此，长者与小人对比而列，是有所比，长者为才能道德美好之意。

编号：SJ020

荆轲既至燕，爱燕之狗屠及善击筑者高渐离。荆轲嗜酒，日与狗屠及高渐离饮于燕市，酒酣以往，高渐离击筑，荆轲和而歌于市中，相乐也，已而相泣，旁若无人者。荆轲虽游于酒人乎，然其为人沈深好书；其所游诸侯，尽与其贤豪长者相结。其之燕，燕之处士田光先生亦善待之，知其非庸人也。

摘自： 《史记》卷八十六《刺客列传》第二十六，第 2528 页。

按：贤豪长者相列，言长者既贤也谊也。

编号：SJ021

太子逢迎，却行为导，跪而蔽席。田光坐定，左右无人，太子避席而请曰："燕秦不两立，愿先生留意也。"田光曰："臣闻骐骥盛壮之时，一日而驰千里；至其衰老，驽马先之。今太子闻光盛壮之时，不知臣精已消亡矣。虽然，光不敢以图国事，所善荆卿可使也。"太子曰："愿因先生得结交于荆卿，可乎？"田光曰："敬诺。"即起，趋出。太子送至门，戒曰："丹所报，先生所言者，国之大事也，愿先生勿泄也！"田光俯而笑曰："诺。"偻行见荆卿，曰："光与子相善，燕国莫不知。今太子闻光壮盛之时，不知吾形已不逮也，幸而教之曰燕秦不两立，愿先生留意也。"光窃不自外，言足下于太子也，愿足下过太子于宫。荆轲曰："谨奉教。"田光曰："吾闻之，长者为行，不使人疑之。今太子告光曰：'所言者，国之大事也，愿先生勿泄'，是太子疑光也。夫为行而使人疑之，非节侠也。"欲自杀以激荆卿，曰："愿足下急过太子，言光已死，明不言也。"因遂自刎而死。

摘自：《史记》卷八十六《刺客列传》第二十六，第2530页。

按：长者此泛指一类长者群体，言长者"言必信，行必果也"，长者的言行不会使人怀疑。田光希望自己是此类长者，也希望被别人（包括燕太子）视为此类长者。

编号：SJ022

久之，荆轲未有行意。秦将王翦破赵，虏赵王，尽收入其地，进兵北略地至燕南界。太子丹恐惧，乃请荆轲曰："秦兵旦暮渡易水，则虽欲长侍足下，岂可得哉！"荆轲曰："微太子言，臣愿谒之。今行而毋信，则秦未可亲也。夫樊将军，秦王购之金千斤，邑万家。诚得樊将军首与燕督亢之地图，奉献秦王，秦王必说见臣，臣乃得有以报。"太子曰："樊将军穷困来归丹，丹不忍以己之私而伤长者之意，愿足下更虑之！"

摘自：《史记》卷八十六《刺客列传》第二十六，第2532页。

按：此处太子丹视樊将军为长者，不忍损樊将军。此处长者兼有官职高名望重者，得到社会的认同之意。

编号：SJ023

汉七年，高祖从平城过赵，赵王朝夕袒韝蔽，自上食，礼甚卑，有子婿礼。高祖箕踞詈，甚慢易之。赵相贯高、赵午等年六十余，故张耳客也。生平为气，乃怒曰："吾王孱王也！"说王曰："夫天下豪桀并起，能者先立。今王事高祖甚恭，而高祖无礼，请为王杀之！"张敖啮其指出血，曰："君何言之误！且先人亡国，赖高祖得复国，德流子孙，秋毫皆高祖力也。愿君无复出口。"贯高、赵午等十余人皆相谓曰："乃吾等非也。吾王长者，不倍德。且吾等义不辱，今怨高祖辱我王，故欲杀之，何乃污王为乎？令事成归王，事败独身坐耳。"

摘自：《史记》卷八十九《张耳陈余列传》第二十九，第 2583 页。

按：言赵王长者，比之高祖也。

编号：SJ024

布所幸姬疾，请就医，医家与中大夫贲赫对门，姬数如医家，贲赫自以为侍中，乃厚馈遗，从姬饮医家。姬侍王，从容语次，誉赫长者也。王怒曰："汝安从知之？"具说状。王疑其与乱。赫恐，称病。王愈怒，欲捕赫。赫言变事，乘传诣长安。布使人追，不及。赫至，上变，言布谋反有端，可先未发诛也。上读其书，语萧相国。相国曰："布不宜有此，恐仇怨妄诬之。请击赫，使人微验淮南王。"淮南王布见赫以罪亡，上变，固已疑其言国阴事；汉使又来，颇有所验，遂族赫家，发兵反。反书闻，上乃赦贲赫，以为将军。

摘自：《史记》卷九十一《黥布列传》第三十一，第 2603 至 2604 页。

按：姬誉赫长者，贲赫卖主求荣，其非也。

编号：SJ025

项王亡将钟离眛家在伊庐，素与信善。项王死后，亡归信。汉王怨眛，闻其在楚，诏楚捕眛。信初之国，行县邑，陈兵出入。汉六年，人有上书告楚王信反。高帝以陈平计，天子巡狩会诸侯，南方有云梦，发使告诸侯会陈："吾将游云梦。"实欲袭信，信弗知。高祖且至楚，信欲发兵反，自度无罪，欲谒上，恐见禽。人或说信曰："斩眛谒上，上必喜，无患。"信见眛计事。眛曰："汉所以不击取楚，以眛在公所。若欲捕我以自媚于汉，吾今日死，公亦随手亡矣。"乃骂信曰："公非长者！"卒自刭。信持其首，谒高祖于陈。上令武士缚信，载后车。信曰："果若人言，'狡兔死，良狗烹；高鸟尽，良弓藏；敌国破，谋臣亡。'天下已定，我固当亨！"上曰："人告公反。"遂械系信。至雒阳，赦信罪，以为淮阴侯。

摘自：《史记》卷九十二《淮阴侯列传》第三十二，第2627页。

按：韩信杀友以求自安，此损人以求利己也，自然非长者所为。此处长者泛指长者群体也。

编号：SJ026

沛公至高阳传舍，使人召郦生。郦生至，入谒，沛公方倨床使两女子洗足，而见郦生。郦生入，则长揖不拜，曰："足下欲助秦攻诸侯乎？且欲率诸侯破秦也？"沛公骂曰："竖儒！夫天下同苦秦久矣，故诸侯相率而攻秦，何谓助秦攻诸侯乎？"郦生曰："必聚徒合义兵诛无道秦，不宜倨见长者。"于是沛公辍洗，起摄衣，延郦生上坐，谢之。郦生因言六国纵横时。沛公喜，赐郦生食，问曰："计将安出？"郦生曰："足下起纠合之众，收散乱之兵，不满万人，欲以径入强秦，此所谓探虎口者也。夫陈留，天下之冲，四通五达之郊也，今其城又多积粟。臣善其令，请得使之，令下足下。即不听，足下举兵攻之，臣为内应。"于是遣郦生行，沛公引兵随之，遂下陈留。号郦食其为广野君。

摘自：《史记》卷九十七《郦生陆贾列传》第三十七，第2692至2693页。

按：此处长者为年龄相对年长者之意，故郦生自比长者。

编号：SJ027

楚人曹丘生，辩士，数招权顾金钱。事贵人赵同等，与窦长君善。季布闻之，寄书谏窦长君曰："吾闻曹丘生非长者，勿与通。"及曹丘生归，欲得书请季布。窦长君曰："季将军不说足下，足下无往。"固请书，遂行。使人先发书，季布果大怒，待曹丘。曹丘至，即揖季布曰："楚人谚曰'得黄金百（斤），不如得季布一诺'，足下何以得此声于梁楚间哉？且仆楚人，足下亦楚人也。仆游扬足下之名于天下，顾不重邪？何足下距仆之深也！"季布乃大说，引入，留数月，为上客，厚送之。季布名所以益闻者，曹丘扬之也。

摘自：《史记》卷一百《季布栾布列传》第四十，第2731至2732页。

集解孟康曰："招，求也。以金钱事权贵，而求得其形势以自炫燿也。"文颖曰："事权贵也。与通势，以其所有辜较，请讬金钱以自顾。"○索隐义如孟康、文颖所说。辜较音姑角。□正义言曹丘生依倚贵人，用权势属请，数求他人。顾钱，赏金钱也。

按：曹丘生趋炎附势，故季布言其非长者也。

编号：SJ028

吴楚反，闻，晁错谓丞史曰："夫袁盎多受吴王金钱，专为蔽匿，言不反。今果反，欲请治盎宜知计谋。"丞史曰："事未发，治之有绝。今兵西乡，治之何益！且袁盎不宜有谋。"晁错犹与未决。人有告袁盎者，袁盎恐，夜见窦婴，为言吴所以反者，愿至上前口对状。窦婴入言上，上乃召袁盎入见。晁错在前，及盎请辟人赐间，错去，固恨甚。袁盎具言吴所以反状，以错故，独急斩错以谢吴，吴兵乃可罢。其语具在吴事中。使袁盎为太常，窦婴为大将军。两人素相与善。逮吴反。诸陵长者长安中贤大夫争附两人，车随者口数百乘。

摘自：《史记》卷百〇一《袁盎晁错列传》第四十一，第2742页。

按：长者与中贤大夫并称，此长者为有威望之人也。

编号：SJ029

袁盎虽家居，景帝时时使人问筹策。梁王欲求为嗣，袁盎进说，其后语塞。梁王以此怨盎，曾使人刺盎。刺者至关中，问袁盎，诸君誉之皆不容口。乃见袁盎曰："臣受梁王金来刺君，君长者，不忍刺君。然后刺君者十余曹，备之！"袁盎心不乐，家又多怪，乃之棓生所问占。还，梁刺客后曹辈果遮刺杀盎安陵郭门外。

摘自：《史记》卷百〇一《袁盎晁错列传》第四十一，第2744至2745页。

按：袁盎受众人称誉，故刺客以之为长者。此处长者为有声望的意思。

编号：SJ030

释之从行，登虎圈。上问上林尉诸禽兽簿，十余问，尉左右视，尽不能对。虎圈啬夫从旁代尉对上所问禽兽簿甚悉，欲以观其能口对响应无穷者。文帝曰："吏不当若是邪？尉无赖！"乃诏释之拜啬夫为上林令。释之久之前曰："陛下以绛侯周勃何如人也？"上曰："长者也。"又复问："东阳侯张相如何如人也？"上复曰："长者。"释之曰："夫绛侯、东阳侯称为长者，此两人言事曾不能出口，岂斅此啬夫谍谍利口捷给哉！且秦以任刀笔之吏，吏争以亟疾苛察相高，然其敝徒文具耳，无恻隐之实。以故不闻其过，陵迟而至于二世，天下土崩。今陛下以啬夫口辩而超迁之，臣恐天下随风靡靡，争为口辩而无其实。且下之化上疾于景响，举错不可不审也。"文帝曰："善。"乃止不拜啬夫。

摘自：《史记》卷百〇二《张释之冯唐列传》第四十二，第2752页。

按：景帝称绛侯周勃、东阳东阳侯张相如为长者，此处长者为德高权重者的意思。

编号：SJ031

太史公曰：张季之言长者，守法不阿意；冯公之论将率，有味哉！有味哉！语曰"不知其人，视其友"。二君之所称诵，可着廊庙。书曰"不偏不党，王道荡荡；不党不偏，王道便便"。张季、冯公近之矣。

摘自：《史记》卷百〇二《张释之冯唐列传》第四十二，第2761页。

按：太史公称誉张季之为长者，言其守法不阿意也，秉公执法。

编号：SJ032

建陵侯卫绾者，代大陵人也。绾以戏车为郎，事文帝，功次迁为中郎将，醇谨无他。孝景为太子时，召上左右饮，而绾称病不行。文帝且崩时，属孝景曰："绾长者，善遇之。"及文帝崩，景帝立，岁馀不譙呵绾，绾日以谨力。

摘自：《史记》卷百〇三《万石张叔列传》第四十三，第2768至2769页。

按：景帝为太子时，召上左右饮，而绾称病不行。集解张晏曰：恐文帝谓豫有二心以事太子。且卫绾醇谨，景帝因此言卫绾为长者。

编号：SJ033

明年，上废太子，诛栗卿之属。上以为绾长者，不忍，乃赐绾告归，而使郅都治捕栗氏。既已，上立胶东王为太子，召绾，拜为太子太傅。久之，迁为御史大夫。五岁，代桃侯舍为丞相，朝奏事如职所奏。然自初官以至丞相，终无可言。天子以为敦厚，可相少主，尊宠之，赏赐甚多。

摘自：《史记》卷百〇三《万石张叔列传》第四十三，第2770页。

按：景帝以卫绾为长者，不忍使之捕杀栗氏污卫绾的名节。何其爱也。

编号：SJ034

塞侯直不疑者，南阳人也。为郎，事文帝。其同舍有告归，误持同舍郎金去，已而金主觉，妄意不疑，不疑谢有之，买金偿。而告归者来而归金，而前郎亡金者大惭，以此称为长者。文帝称举，稍迁至太中大夫。朝廷见，人或毁曰："不疑状貌甚美，然独无奈其善盗嫂何也！"不疑闻，曰："我乃无兄。"然终不自明也。

摘自：《史记》卷百〇三《万石张叔列传》第四十三，第2770至2771页。

按：直不疑为人不辩白，有与人为善的作风，被人称为长者。

编号：SJ035

不疑学老子言。其所临，为官如故，唯恐人知其为吏迹也。

不好立名称，称为长者。不疑卒，子相如代。孙望，坐酎金失侯。

摘自：《史记》卷百〇三《万石张叔列传》第四十三，第2771页。

按：直不疑被称为长者。

编号：SJ036

御史大夫张叔者，名欧，安丘侯说之庶子也。孝文时以治刑名言事太子。然欧虽治刑名家，其人长者。景帝时尊重，常为九卿。至武帝元朔四年，韩安国免，诏拜欧为御史大夫。自欧为吏，未尝言案人，专以诚长者处官。官属以为长者，亦不敢大欺。上具狱事，有可却，却之；不可者，不得已，为涕泣面对而封之。其爱人如此。

摘自：《史记》卷百〇三《万石张叔列传》第四十三，第2773页。

按：张叔为人长者，实为仁而爱人之作风，其"垂涕恤狱"，令人望而生敬。其为官以"诚"，不轻言"案人"，而上下级也皆以张叔为长者。

编号：SJ037

会陈豨反代，汉七年，高祖往诛之，过赵，赵王张敖自持案进食，礼恭甚，高祖箕踞骂之。是时赵相赵午等数十人皆怒，谓张王曰："王事上礼备矣，今遇王如是，臣等请为乱。"赵王啮指出血，曰："先人失国，微陛下，臣等当虫出。公等奈何言若是！毋复出口矣！"于是贯高等曰："王长者，不倍德。"卒私相与谋弑上。会事发觉，汉下诏捕赵王及群臣反者。于是赵午等皆自杀，唯贯高就系。是时汉下诏书："赵有敢随王者罪三族。"唯孟舒、田叔等十余人赭衣自髡钳，称王家奴，随赵王敖至长安。贯高事明白，赵王敖得出，废为宣平侯，乃进言田叔等十余人。上尽召见，与语，汉廷臣毋能出其右者，上说，尽拜为郡守、诸侯相。叔为汉中守十余年，会高后崩，诸吕作乱，大臣诛之，立孝文帝。(2775、2776)

摘自：《史记》卷百〇四《田叔列传》第四十四，第2775至2776页。

按：赵王张敖因尊王重礼，知恩图报，不谋叛乱，被赵相赵午等称为长者。

编号：SJ038

孝文帝既立，召田叔问之曰："公知天下长者乎？"对曰："臣何足以知之！"上曰："公，长者也，宜知之。"叔顿首曰："故云中守孟舒，长者也。"是时孟舒坐虏大入塞盗劫，云中尤甚，免。上曰："先帝置孟舒云中十余年矣，虏曾一入，孟舒不能坚守，毋故士卒战死者数百人。长者固杀人乎？公何以言孟舒为长者也？"叔叩头对曰："是乃孟舒所以为长者也。夫贯高等谋反，上下明诏，赵有敢随张王，罪三族。然孟舒自髡钳，随张王敖之所在，欲以身死之，岂自知为云中守哉！汉与楚相距，士卒罢敝。匈奴冒顿新服北夷，来为边害，孟舒知士卒罢敝，不忍出言，士争临城死敌，如子为父，弟为兄，以故死者数百人。孟舒岂故驱战之哉！是乃孟舒所以为长者也。"于是上曰："贤哉孟舒！"复召孟舒以为云中守。

摘自：《史记》卷百〇四《田叔列传》第四十四，第2776至2777页。

按：所涉长者七处，两人被称为长者，一为田叔，被文帝称为长者；二为孟舒，被田叔称为长者，文帝认为"贤哉孟舒！"

编号：SJ039

夏，丞相取燕王女为夫人，有太后诏，召列侯宗室皆往贺。魏其侯过灌夫，欲与俱。夫谢曰："夫数以酒失得过丞相，丞相今者又与夫有郄。"魏其曰："事已解。"强与俱。饮酒酣，武安起为寿，坐皆避席伏。已魏其侯为寿，独故人避席耳，余半膝席。灌夫不悦。起行酒，至武安，武安膝席曰："不能满觞。"夫怒，因嘻笑曰："将军贵人也，属之！"时武安不肯。行酒次至临汝侯，临汝侯方与程不识耳语，又不避席。夫无所发怒，乃骂临汝侯曰："生平毁程不识不直一钱，今日长者为寿，乃效女儿呫嗫耳语！"武安谓灌夫曰："程李俱东西宫卫尉，今众辱程将军，仲孺独不为李将军地乎？"灌夫曰："今日斩头陷匈，何知程李乎！"坐乃起更衣，稍稍去。魏其侯去，麾灌夫出。武安遂怒曰："此吾骄灌夫罪。"乃令骑留灌夫。灌夫欲出不得。籍福起为谢，案灌夫项令谢。夫愈怒，不肯谢。武安乃麾骑缚夫置传舍，召长史曰:"今日召宗室,有诏。"劾灌夫骂坐不敬,系居室。遂按其前事,遣吏分曹逐捕诸灌氏支属,皆得弃市罪。魏其侯大媿,为资使宾客请,莫能解。武安吏皆为耳目,诸灌氏皆亡匿,夫系,遂不得告言武安阴事。

摘自:《史记》卷百〇七《魏其武安侯列传》第四十七,第2849至2850页。

按:灌夫骂其孙临汝侯言,自以长者自居耳。此长者为长辈也。

编号:SJ040

太史公曰:余与壶遂定律历,观韩长孺之义,壶遂之深中隐厚。世之言梁多长者,不虚哉!壶遂官至詹事,天子方倚以为汉相,会遂卒。不然,壶遂之内廉行修,斯鞠躬君子也。

摘自:《史记》卷百〇八《韩长孺列传》第四十八,第2865页。

按:司马迁言:"世之言梁多长者,不虚哉!"实称韩安国为长者也。

编号:SJ041

主父方贵幸时,宾客以千数,及其族死,无一人收者,唯独洨孔车收葬之。天子后闻之,以为孔车长者也。

摘自:《史记》卷百一十二《平津侯主父列传》第五十二,第2962页。

按：孔车与孟舒同，行不避祸，胸怀坦荡，天子（汉武帝）以为长者。

编号：SJ042

淮南厉王长者，高祖少子也，其母故赵王张敖美人。高祖八年，从东垣过赵，赵王献之美人。厉王母得幸焉，有身。赵王敖弗敢内宫，为筑外宫而舍之。及贯高等谋反柏人事发觉，并逮治王，尽收捕王母兄弟美人，系之河内。厉王母亦系，告吏曰："得幸上，有身。"吏以闻上，上方怒赵王，未理厉王母。厉王母弟赵兼因辟阳侯言吕后，吕后妒，弗肯白，辟阳侯不强争。及厉王母已生厉王，恚，即自杀。吏奉厉王诣上，上悔，令吕后母之，而葬厉王母真定。真定，厉王母之家在焉，父世县也。

摘自：《史记》卷百一十八《淮南衡山列传》第五十八，第3075页。

按：此处用非"长者"本意，即淮南厉王刘长的意思，者为语气词。

编号：SJ043

郑庄以任侠自喜，脱张羽于厄，声闻梁楚之间。孝景时，为太子舍人。每五日洗沐，常置驿马长安诸郊，存诸故人，请谢宾客，夜以继日，至其明旦，常恐不遍。庄好黄老之言，其慕长者如恐不见。年少官薄，然其游知交皆其大父行，天下有名之士也。武帝立，庄稍迁为鲁中尉、济南太守、江都相，至九卿为右内史。以武安侯魏其时议，贬秩为詹事，迁为大农令。

摘自：《史记》卷百二十《汲郑列传》第六十，第3112页。

按：郑庄，即郑当时也，追慕长者，此处长者如后解，谓"天下有名之士也"。

编号：SJ044

庄为太史，诫门下："客至，无贵贱无留门者。"执宾主之礼，以其贵下人。庄廉，又不治其产业，仰奉赐以给诸公。然其馈遗人，不过算器食。每朝，候上之间，说未尝不言天下之长者。其推毂士及官属丞史，诚有味其言之也，常引以为贤于己。未尝名吏，与官属言，若恐伤之。闻人之善言，进之上，唯恐后。山东士诸公以此翕然称郑庄。

摘自：《史记》卷百二十《汲郑列传》第六十，第3112页。

按：言郑当时喜言长者，即谈论天下有名之士也。

编号：SJ045

伏生教济南张生及欧阳生，欧阳生教千乘儿宽。儿宽既通尚书，以文学应郡举，诣博士受业，受业孔安国。儿宽贫无资用，常为弟子都养，及时时间行佣赁，以给衣食。行常带经，止息则诵习之。以试第次，补廷尉史。是时张汤方乡学，以为奏谳掾，以古法议决疑大狱，而爱幸宽。宽为人温良，有廉智，自持，而善著书、书奏，敏于文，口不能发明也。汤以为长者，数称誉之。及汤为御史大夫，以儿宽为掾，荐之天子。天子见问，说之。张汤死后六年，儿宽位至御史大夫。九年而以官卒。宽在三公位，以和良承意从容得久，然无有所匡谏；于官，官属易之，不为尽力。张生亦为博士。而伏生孙以治尚书征，不能明也。

摘自：《史记》卷百二十一《儒林列传》第六十一，第3125页。

按：宽为人温良，有廉智，自持，而善著书、书奏，敏于文，口不能发明也。张汤以儿宽为长者。

编号：SJ046

孝文时中宠臣，士人则邓通，宦者则赵同、北宫伯子。北宫伯子以爱人长者；而赵同以星气幸，常为文帝参乘；邓通无伎能。邓通，蜀郡南安人也，以濯船为黄头郎。孝文帝梦欲上天，不能，有一黄头郎从后推之上天，顾见其衣裻带后穿。觉而之渐台，以梦中阴目求推者郎，即见邓通，其衣后穿，梦中所见也。召问其名姓，姓邓氏，名通，文帝说焉，尊幸之日异。通亦愿谨，不好外交，虽赐洗沐，不欲出。于是文帝赏赐通巨万以十数，官至上大夫。文帝时时如邓通家游戏。然邓通无他能，不能有所荐士，独自谨其身以媚上而已。上使善相者相通，曰"当贫饿死。"文帝曰："能富通者在我也。何谓贫乎？"于是赐邓通蜀严道铜山，得自铸钱，"邓氏钱"布天下。其富如此。

摘自：《史记》卷百二十五《佞幸列传》第六十五，第3192页。

按：宦官北宫伯子因为爱人而被称为长者。

编号：SJ047

　　武帝时，征北海太守诣行在所。有文学卒史王先生者，自请与太守俱，"吾有益于君"，君许之。诸府掾功曹白云："王先生嗜酒，多言少实，恐不可与俱。"太守曰："先生意欲行，不可逆。"遂与俱。行至宫下，待诏宫府门。王先生徒怀钱沽酒，与卫卒仆射饮，日醉，不视其太守。太守入跪拜。王先生谓户郎曰："幸为我呼吾君至门内遥语。"户郎为呼太守。太守来，望见王先生。王先生曰："天子即问君何以治北海令无盗贼，君对曰何哉？"对曰："选择贤材，各任之以其能，赏异等，罚不肖。"王先生曰："对如是，是自誉自伐功，不可也。愿君对言，非臣之力，尽陛下神灵威武所变化也。"太守曰："诺。"召入，至于殿下，有诏问之曰："何于治北海，令盗贼不起？"叩头对言："非臣之力，尽陛下神灵威武之所变化也。"武帝大笑，曰："于呼！安得长者之语而称之！安所受之？"对曰："受之文学卒史。"帝曰："今安在？"对曰："在宫府门外。"有诏召拜王先生为水衡丞，以北海太守为水衡都尉。传曰："美言可以市，尊行可以加人。君子相送以言，小人相送以财。"

　　摘自：《史记》卷百二十六《滑稽列传》第六十六，第3220至3211页。

　　按：长者，此为有才智者也。

编号：SJ048

　　至其时，西门豹往会之河上。三老、官属、豪长者、里父老皆会，以人民往观之者三二千人。其巫，老女子也，已年七十。从弟子女十人所，皆衣缯单衣，立大巫后。西门豹曰："呼河伯妇来，视其好丑。"即将女出帷中，来至前。豹视之，顾谓三老、巫祝、父老曰："是女子不好，烦大巫妪为入报河伯，得更求好女，后日送之。"即使吏卒共抱大巫妪投之河中。有顷，曰："巫妪何久也？弟子趣之！"复以弟子一人投河中。有顷，曰："弟子何久也？复使一人趣之！"复投一弟子河中。凡投三弟子。西门豹曰："巫妪弟子是女子也，不能白事，烦三老为入白之。"复投三老河中。西门豹簪笔磬折，向河立待良久。长老、吏旁观者皆惊恐。西门豹顾曰："巫妪、三老不来还，奈之何？"欲复使廷掾与豪长者一人入趣之。皆叩头，叩头且破，额血流地，色如死灰。西门豹曰："诺，且留待之须臾。"须臾，豹曰："廷掾起矣。状河伯留客之久，若皆罢去归矣。"邺吏民大惊恐，从是以后，不敢复言为河伯娶妇。

摘自：《史记》卷百二十六《滑稽列传》第六十六，第3212页。

按：长者一词前加豪谓之"豪长者"，与"三老、官属、里父老"并称，称当地有财势者或有威望者。

编号：SJ049

司马季主捧腹大笑曰："观大夫类有道术者，今何言之陋也，何辞之野也！今夫子所贤者何也？所高者谁也？今何以卑污长者？"

摘自：《史记》卷百二十七《日者列传》第六十七，第3216页。

按：司马季主自称长者。

编号：SJ050

"故骐骥不能与罢驴为驷，而凤皇不与燕雀为群，而贤者亦不与不肖者同列。故君子处卑隐以辟众，自匿以辟伦，微见德顺以除群害，以明天性，助上养下，多其功利，不求尊誉。公之等喁喁者也，何知长者之道乎！"

摘自：《史记》卷百二十七《日者列传》第六十七，第3219至3220页。

按：司马季主自称长者。

五、自述

编号：SJ051

敦厚慈孝，讷于言，敏于行，务在鞠躬，君子长者。作万石张叔列传第四十三。

摘自：《史记》卷百三十《太史公自序》第七十，第3316页。

按：君子与长者并列而称，君子即长者也。

编号：SJ052

正衣冠立于朝廷，而群臣莫敢言浮说，长孺矜焉；好荐人，称长者，壮有溉。作汲郑列传第六十。

摘自：《史记》卷百三十《太史公自序》第七十，第3317至3318页。

按：位高权重。

《汉书》长者摘录集

一、纪

编号HS001

初，怀王与诸将约，先入定关中者王之。当是时，秦兵强，常乘胜逐北，诸将莫利先入关。独羽怨秦破项梁，奋势，愿与沛公西入关。怀王诸老将皆曰："项羽为人慓悍祸贼，尝攻襄城，襄城无噍类，所过无不残灭。且楚数进取，前陈王、项梁皆败，不如更遣长者扶义而西，告谕秦父兄。秦父兄苦其主久矣，今诚得长者往，毋侵暴，宜可下。项羽不可遣，独沛公秦宽大长者。"卒不许羽，而遣沛公西收陈王、项梁散卒。乃道砀至城阳与杠里，攻秦军壁，破其二军。

摘自：《汉书》卷一（上）《高帝纪》第一（上），《汉书》汉·班固撰，唐·颜师古注［中华书局1962年版（2009年2月重印，以下版次相同）］，第16至17页。

编号 HS002

二月，沛公从砀北攻昌邑，遇彭越。越助攻昌邑，未下。沛公西过高阳，郦食其为里监门，曰："诸将过此者多，吾视沛公大度。"乃求见沛公。沛公方踞床，使两女子洗。郦生不拜，长揖曰："足下必欲诛无道秦，不宜踞见长者。"于是沛公起，摄衣谢之，延上坐。食其说沛公袭陈留。沛公以为广野君，以其弟商为将，将陈留兵。

摘自：《汉书》卷一（上）《高帝纪》第一（上），第18页。

二、志

编号 HS003

《郑长者》一篇。六国时。先韩子，韩子称之。

摘自：《汉书》卷三十《艺文志》第十，第1731页。

三、传

编号 HS004

秦二年，广陵人召平为陈胜徇广陵，未下。闻陈胜败走，秦将章邯且至，乃渡江矫陈王令，拜梁为楚上柱国，曰："江东已定，急引兵西击秦。"梁乃以八千人渡江而西。闻陈婴已下东阳，使使欲与连和俱西。陈婴者，故东阳令史，居县，素信，为长者。东阳少年杀其令，相聚数千人，欲立长，无适用，乃请陈婴。婴谢不能，遂强立之，县中从之者得二万人。欲立婴为王，异军苍头特起。婴母谓婴曰："自吾为乃家妇，闻先故未曾贵。

今暴得大名，不祥，不如有所属，事成犹得封侯，事败易以亡，非世所指名也。"婴乃不敢为王，谓其军［吏］曰："项氏世世将家，有功于楚，今欲举大事，非将其人，不可。我倚名族，亡秦必矣。"其众从之，乃以其兵属梁。梁渡淮，英布、蒲将军亦以其兵属焉。凡六七万人，军下邳。

摘自：《汉书》卷三十一《陈胜项籍传》第一，第1797至1798页。

编号 HS005

于是羽遂引东，欲渡乌江。乌江亭长檥船待，谓羽曰："江东虽小，地方千里，众数十万，亦足王也。愿大王急渡。今独臣有船。汉军至，亡以渡。"羽笑曰："乃天亡我，何渡为！且籍与江东子弟八千人渡而西，今亡一人还，纵江东父兄怜而王我，我何面目见之哉？纵彼不言，籍独不愧于心乎！"谓亭长曰："吾知公长者也，吾骑此马五岁，所当无敌，尝一日千里，吾不忍杀，以赐公。"乃令骑皆去马，步持短兵接战。

摘自：《汉书》卷三十一《陈胜项籍传》第一，第1819页。

编号 HS006

七年，高祖从平城过赵，赵王旦暮自上食，体甚卑，有子婿礼。高祖箕踞骂詈，甚慢之。赵相贯高、赵午年六十余，故耳客也，怒曰："吾王孱王也！"说敖曰："天下豪桀并起，能者先立，今王事皇帝甚恭，皇帝遇王无礼，请为王杀之。"敖啮其指出血，曰："君何言之误！且先王亡国，赖皇帝得复国，德流子孙，秋毫皆帝力也。愿君无复出口。"贯高等十余人相谓曰："吾等非也。吾王长者，不背德。且吾等义不辱，今帝辱我王，故欲杀之，何乃污王为？事成归王，事败独身坐耳。"

摘自：《汉书》卷三十二《张耳陈余传》第二，第1839至1840页。

编号 HS007

初，高祖微时，常避事，时时与宾客过其丘嫂食。嫂厌叔与客来，阳为羹尽，轑釜，客以故去。已而视鉴中有羹，繇是怨嫂。及立齐、代王，而伯子独不得侯。太上皇以为言，高祖曰："某非敢忘封之也，为其母不长者。"七年十月，封其子信为羹颉侯。

摘自：《汉书》卷三十六《楚元王传》第六，第1922页。

编号 HS008

辩士曹丘生数招权顾金钱，事贵人赵谈等，与窦长君善。布闻，寄书谏长君曰："吾闻曹丘生非长者，勿与通。""及曹丘生归，欲得书请布。窦长君曰："季将军不说足下，足下无往。"固请书，遂行。使人先发书，布果大怒，待曹丘。曹丘至，则揖布曰："楚人谚曰'得黄金百，不如得季布诺'，足下何以得此声梁、楚之间哉？且仆与足下俱楚人，使仆游扬足下名于天下，顾不美乎？何足下距仆之深也！"布乃大说。引入，留数月，为上客，厚送之。布名所以益闻者，曹丘杨之也。

摘自：《汉书》卷三十七《季布栾布田叔传》第七，第1978页。

编号 HS009

孝文帝初立，召叔问曰："公知天下长者乎？"对曰："臣何足以知之！"上曰："公长者，宜知之。"叔顿道曰："故云中守孟舒，长者也。"是时，孟舒坐虏大入云中免。上曰："先帝置孟舒云中十余年矣，虏常一入，孟舒不能坚守，无故士卒战死者数百人。长者固杀人乎？"叔叩头曰："夫贯高等谋反，天子下明诏：'赵有敢随张王者，罪三族！'然孟舒自髡钳，随张王，以身死之，岂自知为云中守哉！汉与楚相距，士卒罢敝，而匈奴冒顿新服北夷，来为边寇，孟舒知士卒罢敝，不忍出言，士争临城死敌，如子为父，以故死者数百人，孟舒岂驱之哉！是乃孟舒所以为长者。"于是上曰："贤哉孟舒！"夏召以为云中守。

摘自：《汉书》卷三十七《季布栾布田叔传》第七，第1982到1983页。

编号 HS010

大臣议欲立齐王，皆曰："母家驷钧恶戾，虎而冠者也。访以吕氏故，几乱天下，今又立齐王，是欲复为吕氏也。代王母家薄氏，君子长者，且代王高帝子，于今见在最为长。以子则顺，以善人则大臣安。"于是大臣乃谋迎代王，而遣章以诛吕氏事告齐王，今罢兵。

摘自：《汉书》卷三十八《高五王传》第八，第1995页。

编号 HS011

始参微时，与萧何善，及为宰相，有隙。至何且死，所推贤唯参。参代何为相国，举事无所变更，壹遵何之约束。择郡国吏长大，讷于文辞，谨厚长者，即召除为丞相史。吏言文刻深，欲务声名，辄斥去之。日夜饮酒。卿大夫以下吏及宾客见参不事事；来者皆欲有言。至者，参辄饮以醇酒，度之欲有言，复饮酒，醉而后去，终莫得开说，以为常。

摘自：《汉书》卷三十九《萧何曹参传》第九，第2019页。

编号 HS012

及平长，可取妇，富人莫与者，贫者平亦愧之。久之，户牖富人张负有女孙，五嫁夫辄死，人莫敢取，平欲得之。邑中有大丧，平家贫侍丧，以先往后罢为助。张负既见之丧所，独视伟平，平亦以故后去。负随平至其家，家乃负郭穷巷，以席为门，然门外多长者车辙。张负归，谓其子仲曰："吾欲以女孙予陈平。"仲曰："平贫不事事，一县中尽笑其所为，独奈何予之女？"负曰："固有美如陈平长贫者乎？"卒与女。为平贫，乃假贷币以聘，予酒肉之资以内妇。负戒其孙曰："毋以贫故，事人不谨。事兄伯如事乃父，事嫂如事乃母。"平既取张氏女，资用益饶，游道日广。

摘自：《汉书》卷四十《张陈王周传》第十，第2040页。

编号 HS013

平遂至修武降汉，因魏无知求见汉王，汉王召入。是时，万石君石奋为中涓，受平谒。平等十人俱进，赐食。王曰："罢，就舍矣。"平曰："臣为事来，所言不可以过今日。"于是汉王与语而说之，问曰："子居楚何官？"平曰："为都尉。"是日拜平为都尉，使参乘，典护军。诸将尽曰："大王一日得楚之亡卒，未知高下，而即与共载，使监护长者！"汉王闻之，愈益幸平，遂与东伐项王。至彭城，为楚所败，引师而还。收散兵至荥阳，以平为亚将，属韩王信，军广武。

摘自：《汉书》卷四十《张陈王周传》第十，第2040页。

编号 HS014

王陵，沛人也。始为县豪，高祖微时兄事陵。及高祖起沛，入咸阳，陵亦聚党数千人，居南阳，不肯从沛公。及汉王之还击项籍，陵乃以兵属汉。项羽取陵母置军中，陵使至，则东乡坐陵母，欲以招陵。陵母既私送使者，泣曰："愿为老妾语陵，善事汉王。汉王长者，母以老妾故持二心。妾以死送使者。"遂伏剑而死。项王怒，亨陵母。陵卒从汉王定天下。以善雍齿，雍齿，高祖之仇。陵又本无从汉之意，以故后封陵，为安国侯。

摘自：《汉书》卷四十《张陈王周传》第十，第2046至2047页。

编号 HS015

沛公至高阳传舍，使人召食其。食其至，入谒，沛公方踞床令两女子洗，而见食其。食其入，即长揖不拜，曰："足下欲助秦攻诸侯乎？欲率诸侯（攻）[破]秦乎？"沛公骂曰："竖儒！夫天下同苦秦久矣，故诸侯相率攻秦，何谓助秦？"食其曰："必欲聚徒合义兵诛无道秦，不宜踞见长者。"于是沛公辍洗，起衣，延食其上坐，谢之。食其因言六国纵衡时，沛公喜，赐食其食，问曰："计安出？"食其曰："足下起瓦合之卒，收散乱之兵，不满万人，欲以径入强秦，此所谓探虎口者也。夫陈留，天下之冲，四通五达之郊也，今其城中又多积粟，臣知其令，今请使，令下足下。即不听，足下举兵攻之，臣为内应。"于是遣食其往，沛公引[兵]随之，遂下陈留。号食其为广野君。

摘自：《汉书》卷四十三《郦陆朱刘叔孙传》第十三，第2106至2107页。

编号 HS016

卫绾，代人陵人也，以戏车为郎，事文帝，功次迁中郎将，醇谨无它。孝景为太子时，召上左右饮，而绾称病不行。文帝且崩时，属孝景曰："绾长者，善遇之。"及景帝立，岁余，不孰何绾，绾日以谨力。

摘自：《汉书》卷四十六《万石卫直周张传》第十六，第2200页。

编号 HS017

明年，上废太子，诛栗卿之属。上以绾为长者，不忍，乃赐绾告归，而使郅都治捕栗氏。既已，上立胶东王为太子，召绾拜为太子太傅，迁为御史大夫。五岁，代桃侯舍为丞相，朝奏事如职所奏。然自初宦以至相，终无可言。上以为敦厚可相少主，尊宠之，赏赐甚多。

摘自：《汉书》卷四十六《万石卫直周张传》第十六，第2201 至 2202 页。

编号 HS018

直不疑，南阳人也。为郎，事文帝。其同舍有告归，误持其同舍郎金去。已而同舍郎觉，亡意人疑，不疑谢有之，买金偿。后告归者至而归金，亡金郎大惭，以此称为长者。稍迁至中大夫。朝，廷见，人或毁不疑曰："不疑状貌甚美，然特毋奈其善盗嫂何也！"不疑闻，曰："我乃无兄。"然终不自明也。

摘自：《汉书》卷四十六《万石卫直周张传》第十六，第 2202 页。

编号 HS019

不疑学老子言。其所临，为官如故，唯恐人之知其为吏迹也。不好立名，称为长者。薨，谥曰信侯。传子至孙彭祖，坐酎金，国除。

摘自：《汉书》卷四十六《万石卫直周张传》第十六，第2203 页。

编号 HS020

张欧字叔，高祖功臣安丘侯说少子也。欧孝文时以治刑名侍太子，然其人长者。景帝时尊重，常为九卿。至武帝元朔中，代韩安国为御史大夫。殴为吏，未尝言按人，剸以诚长者处官。官属以为长者，亦不敢大欺。上具狱事，有可却，却之；不可者，不得已，为涕泣，面而封之。其爱人如此。

摘自：《汉书》卷四十六《万石卫直周张传》第十六，第2204 页。

编号 HS021

盎虽居家，景帝时时使人问筹策。梁王欲求为嗣，盎进说，其后语塞。梁王以此怨盎，使人刺盎。刺者至关中，问盎，称之皆不容口。乃见盎曰："臣受梁王金刺君，君长者，不忍刺君。然后刺者十余曹，备之！"盎心不乐，家多怪，乃之棓生所问占。还，梁刺客后曹果遮刺杀盎安陵郭门外。

摘自：《汉书》卷四十九《爰盎晁错传》第十九，第2276 页。

编号 HS022

从行，上登虎圈，问上林尉禽兽簿，十余问，尉左右视，尽不能对。虎圈啬夫从旁代尉对上所问禽兽簿甚悉，欲以观其能口对向应亡穷者。文帝曰："吏不当如此邪？尉亡赖！"诏释之拜啬夫为上林令。释之前曰："陛下以绛侯周勃何如人也？"上曰："长者。"又复问："东阳侯张相如何如人也？"上复曰："长者。"释之曰："夫绛侯、东阳侯称为长者，此两人言事曾不能出口，岂效此啬夫喋喋利口捷给哉！且秦以任刀笔之吏，争以亟疾苛察相高，其敝徒文具，亡恻隐之实。以故不闻其过，陵夷至于二世，天下土崩。今陛下以啬夫口辩而超迁之，臣恐天下随风靡，争口辩，亡其实。且下之化上，疾于景响，举错不可不察也。"文帝曰："善。"乃止不拜啬夫。

摘自：《汉书》卷五十《张冯汲郑传》第二十，第 2307 至 2308 页。

编号 HS023

郑当时字庄，陈人也。其先郑君尝事项籍，籍死而属汉。高祖令诸故项籍臣名籍，郑君独不奉诏。诏尽拜名籍者为大夫，而逐郑君。郑君死孝文时。

当时以任侠自喜，脱张羽于阸，声闻梁楚间。孝景时，为太子舍人。每五日洗沐，常置驿马长安诸郊，请谢宾客，夜以继日，至明旦，常恐不遍。当时好黄老言，其慕长者，如恐不称。自见年少官薄，然其知友皆大父行，天下有名之士也。

摘自：《汉书》卷五十《张冯汲郑传》第二十，第 2323 页。

编号 HS024

当时为大吏，戒门下："客至，亡贵贱亡留门（下）者。"执宾主之礼，以其贵下人。性廉，又不治产，卬奉赐给诸公。然其馈遗人，不过具器食。每朝，候上间说，未尝不言天下长者。其推毂士及官属丞史，诚有味其言也。常引以为贤于己。未尝名吏，与官属言，若恐伤之。闻人之善言，进之上，唯恐后。山东诸公为此翕然称郑庄。

摘自：《汉书》卷五十《张冯汲郑传》第二十，第2324页。

编号 HS025

夏，蚡取燕王女为夫人，太后诏召列侯宗室皆往贺。婴过夫，欲与俱。夫谢曰："夫数以酒失过丞相，丞相今者又与夫有隙。"婴曰："事已解。"强与俱。酒酣，蚡起为寿，坐皆避席伏。已婴为寿，独故人避席，余半膝席。夫行酒，至蚡，蚡膝席曰："不能满觞。"夫怒，因嘻笑曰："将军贵人也，毕之！"时蚡不肯。行酒次至临汝侯灌贤，贤方与程不识耳语，又不避席。夫无所发怒，乃骂贤曰："平生毁程不识不直一钱，今日长者为寿，乃效女曹兒咕嗫耳语！"蚡谓夫曰："程、李俱东西宫卫尉，今众辱程将军，仲孺独不为李将军地乎？"夫曰："今日斩头穴匈，何知程、李！"坐乃起更衣，稍稍去。婴去，戏夫。夫出，蚡遂怒曰："此吾骄灌夫罪也。"乃令骑留夫，夫不得出。藉福起为谢，案夫项令谢。夫愈怒，不肯顺。蚡乃戏骑缚夫置传舍，召长史曰："今日召宗室，有诏。"劾灌夫骂坐不敬，系居室。遂其前事，遣吏分曹逐捕诸灌氏支属，皆得弃市罪。婴愧，为资使宾客请，莫能解。蚡吏皆为耳目，诸灌氏皆亡匿，夫系，遂不得告言蚡阴事。

摘自：《汉书》卷五十二《窦田灌韩传》第二十二，第2387页。

编号 HS026

岁余，会浑邪等降，县官费众，仓府空，贫民大徙，皆卬给县官，无以尽赡。式复持钱二十万与河南太守，以给徙民。河南上富人助贫民者，上识式姓名，曰："是固前欲输其家半财助边。"乃赐式外繇四百人，式又尽复与官。是时，富豪皆争匿财，唯式尤欲助费。上于是以式终长者，乃召拜式为中郎，赐爵左庶长，田十顷，布告天下，尊显以风百姓。

摘自：《汉书》卷五十八《公孙弘卜式兒宽传》第二十八，第2625页。

编号 HS027

其春，丞相方进薨，（杜）业上书言："方进本与长深结厚，更相称荐，长陷大恶，独得不坐，苟欲障塞前过，不为陛下广持平例，又无恐惧之心，反因时信其邪辟，报睚眦怨。故事，大逆朋友坐免官，无归故郡者，今（在）[坐]长者归故郡，已深一等；红阳侯立坐子受长货赂故就国耳，非大逆也，而方进复奏立党友后将军硃博、巨鹿太守孙宏、故少府陈咸，皆免官，归咸故郡。刑罚无平，在方进之笔端，众庶莫不疑惑，皆言孙宏不与红阳侯相爱。宏前为中丞时，方进为御史大夫，举掾隆可侍御史，宏奉隆前奉使欺谩，不宜执法近侍，方进以此怨宏。又方进为京兆尹时，陈咸为少府，在九卿高弟，陛下所自知也。方进素与司直师丹相善，临御史大夫缺，使丹奏咸为奸利，请案验，卒不能有所得，而方进果自得御史大夫。为丞相，即时诋欺，奏免咸，复因红阳侯事归咸故郡。众人皆言国家假方进权太甚。案师丹行能无异，及光禄勋许商被病残人，皆但以附从方进，尝获尊官。丹前亲荐邑子丞相史能使巫下神，为国求福，几获大利。幸赖陛下至明，遣使者毛莫如先考验，卒得其奸，皆坐死。假令丹知而白之，此诬罔罪也；不知而白之，是背经术惑左道也；二者皆在大辟，重于朱博、孙宏、陈咸所坐。方进终不举白，专作威福，阿党所厚，排挤英俊，托公报私，横厉无所畏忌，欲以熏轑天下。天下莫不望风而靡，自尚书近臣皆结舌杜口，骨肉亲属莫不股栗。威权泰盛而不忠信，非所以安国家也。今闻方进卒病死，不以尉示天下，反复赏赐厚葬，唯陛下深思往事，以戒来今。"

摘自：《汉书》卷六十《杜周传》第三十，第2679至2680页。

编号 HS028

迁既被刑之后，为中书令，尊宠任职。故人益州刺史任安予迁书，责以古贤臣之义。迁报之曰：少卿足下：曩者辱赐书，教以慎于接物，推贤进士为务。意气勤勤恳恳，若望仆不相师用，而流俗人之言。仆非敢如是也。虽罢驽，亦尝侧闻长者遗风矣。顾自以为身残处秽，动而见尤，欲益反损，是以抑郁而无谁语。谚曰："谁为为之，孰令听之？"盖钟子期死，伯牙终身不复鼓琴。何则？士为知己用，女为说己容。若仆大质已亏缺，虽材怀随和，行若由夷，终不可以为荣，适足以发笑而自点耳。

摘自：《汉书》卷六十二《司马迁传》第三十二，第2725页。

编号 HS029

偃方贵幸时，客以千数，及族死，无一人视，独孔车收葬焉。上闻之，以车为长者。

摘自：《汉书》卷六十四（上）《严朱吾丘主父徐严终王贾传》第三十四（上），第2804页。

编号 HS030

赵广汉字子都，涿郡蠡吾人也，故属河间。少为郡吏、州从事，以廉洁通敏下士为名。举茂材，平准令。察廉为阳翟令。以治行尤异，迁京辅都尉，守京兆尹。会昭帝崩，而新丰杜建为京兆掾，护作平陵方上。建素豪侠，宾客为奸利，广汉闻之，先风告。建不改，于是收案致法。中贵人豪长者为请无不至，终无所听。宗族宾客谋欲篡取，广汉尽知其计议主名起居，使吏告曰："若计如此，且并灭家。"令数吏将建弃市，莫敢近者。京师称之。

师古注曰"中贵人,居中朝而贵者也。豪,豪杰也。长者,有名德之人也。"

摘自:《汉书》卷七十六《赵尹韩张两王传》第四十六,第3199页、3200页。

编号 HS031

是时,颍川太守黄霸以治行第一入守京兆尹。霸视事数月,不称,罢归颍川。于是制诏御史:"其以胶东相敞守京兆尹。"自赵广汉诛后,比更守尹,如霸等数人,皆不称职。京师浸废,长安市偷盗尤多,百贾苦之。上以问敞,敞以为可禁。敞既视事,求问长安父老,偷盗酋长数人,居皆温厚,出从童骑,间里以为长者。敞皆召见责问,因贳其罪,把其宿负,令致诸偷以自赎。偷长曰:"今一旦召诣府,恐诸偷惊骇,愿一切受署。"敞皆以为吏,遣归休。置酒,小偷悉来贺,且饮醉,偷长以赭污其衣裾。吏坐里间阅出者,污赭辄收缚之,一日捕得数百人。穷治所犯,或一人百余发,尽行法罚。由是枹鼓稀鸣,市无偷盗,天子嘉之。

摘自:《汉书》卷七十六《赵尹韩张两王传》第四十六,第3221页。

编号 HS032

(黄)霸以外宽内明得吏民心,户口岁增,治为天下第一。征守京兆尹,秩二千石。坐发民治驰道不先闻,又发骑士诣北军马不适士，劾乏军兴，连贬秩。有诏归颍川太守官，以八百石居治如其前。前后八年，郡中愈治。是时凤皇神爵数集郡国，颍川尤多。天子以霸治行终长者，下诏称扬曰："颍川太守霸，宣布诏令，百姓向化，孝子弟弟贞妇顺孙日以众多，田者让畔，道不拾遗，养视鳏寡，赡助贫穷，狱或八年亡重罪囚，吏民向于教化，兴于行谊，可谓贤人君子矣。书不云乎？'股肱良哉！'其赐爵关内侯，黄金百斤，秩中二千石。"而颍川孝弟有行义民、三老、力田，皆以差赐爵及帛。后数月，征霸为太子太傅，迁御史大夫。

摘自：《汉书》卷八十九《循吏传》第五十九，第3631至3632页。

编号 HS033

数年，上遣使者征（龚）遂，议曹王生愿从。功曹以为王生素耆酒，亡节度，不可使。遂不忍逆，从至京师。王生日饮酒，不视太守。会遂引入宫，王生醉，从后呼，曰："明府且止，愿有所白。"遂还问其故，王生曰："天子即问君何以治渤海，君不可有所陈对，宜曰'皆圣主之德，非小臣之力也'。"遂受其言。既至前，上果问以治状，遂对如王生言。天子说其有让，笑曰："君安得长者之言而称之？"遂因前曰："臣非知此，乃臣议曹教戒臣也。"上以遂年老不任公卿，拜为水衡都尉，议曹王生为水衡丞，以褒显遂云。水衡典上林禁苑，共张宫馆，为宗庙取牲，官职亲近，上甚重之。以官寿卒。

摘自：《汉书》卷八十九《循吏传》第五十九，第3640至

3641 页。

编号 HS034

楼护字君卿,齐人。父世医也,护少随父为医长安,出入贵戚家。护诵医经、本草、方术数十万言,长者咸爱重之,共谓曰:"以君卿之材,何不宦学乎?"由是辞其父,学经传,为京兆吏数年,甚得名誉。

摘自:《汉书》卷九十二《游侠传》第六十二,第 3706 至 3707 页。

编号 HS035

是时王氏方盛,宾客满门,五侯兄弟争名,其客各有所厚,不得左右,唯护尽入其门,咸得其欢心。结士大夫,无所不倾,其交长者,尤见亲而敬,众以是服。为人短小精辩,论议常依名节,听之者皆竦。与谷永俱为五侯上客,长安号曰"谷子云笔札,楼君卿唇舌",言其见信用也。母死,送葬者致车二三千两,间里歌之曰:"五侯治丧楼君卿。"

摘自:《汉书》卷九十二《游侠传》第六十二,第 3707 页。

编号 HS036

(原)涉自以为前让南阳赙送,身得其名,而令先人坟墓俭约,非孝也。乃大治起冢舍,周阁重门。初,武帝时,京兆尹曹氏葬茂陵,民谓其道为京兆仟,涉慕之,乃买地开道,立表署曰南阳仟，人不肯从，谓之原氏仟。费用皆仰富人长者，然身衣服车马才具，妻子内困。专以振施贫穷赴人之急为务。人尝置酒请涉，涉入里门，客有道涉所知母病避疾在里宅者。涉即往候，叩门。家哭，涉因入吊，问以丧事。家无所有，涉曰："但洁扫除沐浴，待涉。"还至主人，对宾客叹息曰："人亲卧地不收，涉何心乡此！愿撤去酒食。"宾客争问所当得，涉乃侧席而坐，削牍为疏，具记衣被棺木，下至饭含之物，分付诸客。诸客奔走市买，至日昳皆会。涉亲阅视已，谓主人："愿受赐矣。"既共饮食，涉独不饱，乃载棺物，从宾客往至丧家，为棺敛劳俫毕葬。其周急待人如此。后人有毁涉者曰"奸人之雄也"，丧家子即时刺杀言者。

摘自：《汉书》卷九十二《游侠传》第六十二，第3716页。

编号 HS037

赵谈者，以星气幸，北宫伯子长者爱人，故亲近，然皆不比邓通。

摘自：《汉书》卷九十三《佞幸传》第六十三，第3724页。

编号 HS038

成帝时，复遣使献谢罪，汉欲遣使者报送其使，杜钦说大将军王凤曰："前罽宾王阴末赴本汉所立，后卒畔逆。夫德莫大于有国子民，罪莫大于执杀使者，所以不报恩，不惧诛者，自知绝远，兵不至也。有求则卑辞，无欲则娇嫚，终不可怀服。凡中国所以通厚蛮夷，慊快其求者，为壤比而为寇也。今县度之阸，非罽宾所能越也。其乡慕，不足以安西域，虽不附，不能危城郭。前亲逆节，恶暴西域，故绝而不通；今悔过来，而无亲属贵人，奉献者皆行贾贱人，欲通货市买，以献为名，故烦使者送至县度，恐失实见欺。凡遣使送客者，欲为防护寇害也。起皮山南，更不属汉之国四五，斥候士百余人，五分夜击刀斗自守，尚时为所侵盗。驴畜负粮，须诸国禀食，得以自赡。国或贫小不能食，或桀黠不肯给，拥强汉之节，馁山谷之间，乞匃无所得，离一二旬则人畜弃捐旷野而不反。又历大头痛、小头痛之山，赤土、身热之阪，令人身热无色，头痛呕吐，驴畜尽然。又有三池、盘石阪，道狭者尺六七寸，长者径三十里。临峥嵘不测之深，行者骑步相持，绳索相引，二千余里乃到县度。畜队，未半坑谷尽靡碎；人堕，势不得相收视。险阻危害，不可胜言。圣王分九州，制五服，务盛内，不求外。今遣使者承至尊之命，送蛮夷之贾，劳吏士之众，涉危难之路，罢弊所恃以事无用，非久长计也。使者业已受节，可至皮山而还。"于是凤白从钦言。罽宾实利赏赐贾市，其使数年而一至云。

摘自：《汉书》卷九十六（上）《西域传》第六十六（上），第3886至3887页。

编号 HS039

窦后兄长君。弟广国字少君，年四五岁时，家贫，为人所略卖，其家不知处。传十余家至宜阳，为其主人入山作炭。暮卧岸下百余人，岸崩，尽压杀卧者，少君独脱不死。自卜，数日当为侯。从其家之长安，闻皇后新立，家在观津，姓窦氏。广国去时虽少，识其县名及姓，又尝与其姊采桑，堕，用为符信，上书自陈。皇后言帝，召见问之，具言其故。果是。复问其所识，曰："姊去我西时，与我决传舍中，丐沐沐我，已，饭我，乃去。"于是窦皇后持之而泣，侍御左右皆悲。乃厚赐之，家于长安。绛侯、灌将军等曰："吾属不死，命乃且县此两人。此两人所出微，不可不为择师傅，又复放吕氏大事也。"于是乃选长者之有节行者与居。窦长君、少君由此为退让君子，不敢以富贵骄人。

摘自：《汉书》卷九十七（上）《外戚传》第六十七（上），第 3944 页。

编号 HS040

当秦之末，豪桀共推陈婴而王之，婴母止之曰："自吾为子家妇，而世贫贱，卒富贵不祥，不如以兵属人，事成少受其利，不成祸有所归。"婴从其言，而陈氏以宁。王陵之母亦见项氏之必亡，而刘氏之将兴也。是时，陵为汉将，而母获于楚，有汉使来，陵母见之，谓曰："愿告吾子，汉王长者，必得天下，子谨事之，无有二心。"遂对汉使伏剑而死，以固勉陵。其后果定于汉，陵为宰相，封侯。夫以匹妇之明，犹能推事理之致，探祸福之机，而全宗祀于无穷，垂策书于春秋，而况大丈夫之事乎！是故穷达有命，吉凶由人，婴母知废，陵母知兴，审此四者，帝王之分决矣。

摘自：《汉书》卷一百上《叙传》第七十（上），第4210页。

《后汉书》长者摘录集

一、纪

编号 HH001

二年正月，光武以王郎新盛，乃北徇蓟。王郎移檄购光武十万户，而故广阳王子刘接起兵蓟中以应郎，城内扰乱，转相惊恐，言邯郸使者方到，二千石以下皆出迎。于是光武趣驾南辕，晨夜不敢入城邑，舍食道傍。至饶阳，官属皆乏食。光武乃自称邯郸使者，入传舍。传吏方进食，从者饥，争夺之。传吏疑其伪，乃椎鼓数十通，绐言邯郸将军至，官属皆失色。光武升车欲驰；既而惧不免，徐还坐，曰："请邯郸将军入。"久乃驾去。传中人遥语门者闭之。门长曰："天下讵可知，而闭长者乎？"遂得南出。

摘自：《后汉书》卷一（上）《光武帝纪》第一（上），《后汉书》，南朝宋·范晔，唐·李贤等注。[中华书局1965年版（2006重印），以下版本相同]，第12页。

编号 HH002

论曰：魏文帝称"明帝察察，章帝长者"。章帝素知人厌明帝苛切，事从宽厚。感陈宠之义，除惨狱之科，深元元之爱，着胎养之令。奉承明德太后，尽心孝道。割裂名都，以崇建周亲。平徭简赋，而人赖其庆。又体之以忠恕，文之以礼乐。故乃蕃辅克谐，群后德让。谓之长者，不亦宜乎！在位十三年，郡国所上符瑞，合于图书者数百千所。乌呼懋哉！

摘自：《后汉书》卷三《肃宗孝章帝纪》第三，第 159 页。

编号 HH003

（隗）嚣不欲东，连遣使深持谦辞，言无功德，须四方平定，退伏闾里。五年，复遣来歙说嚣遣子入侍，嚣闻刘永、彭宠皆已破灭，乃遣长子恂随歙诣阙。以为胡骑校尉，封镌羌侯。而嚣将王元、王捷常以为天下成败未可知，不愿专心内事。元遂说嚣曰："昔更始西都，四方响应，天下喁喁，谓之太平。一旦败坏，大王几无所厝。今南有子阳，北有文伯，江湖海岱，王公十数，而欲牵儒牛之说，弃千乘之基，羁旅危国，以求万全，此循覆车之轨，计之不可者也。今天水完富，士马最强，北收西河、上郡，东收三辅之地，案秦旧迹，表里河山。元请以一丸泥为大王东封函谷关，此万世一时也。若计不及此，且畜养士马，据隘自守，旷日持久，以待四方之变，图王不成，其弊犹足以霸。要之，鱼不可脱于渊，神龙失执，即还与蚯蚓同。"嚣心然元计，虽遣子入质，犹负其险口，欲专方面，于是游士长者，稍稍去之。

摘自：《后汉书》卷十三《隗嚣公孙述列传》第三，第 526 页。

编号 HH004

六年，关东悉平。帝积苦兵闲，以嚣子内侍，公孙述远据边陲，乃谓诸将曰："且当置此两子于度外耳。"因数腾书陇、蜀，告示祸福。嚣宾客、掾史多文学生，每所上事，当世士大夫皆讽诵之，故帝有所辞荅，尤加意焉。嚣复遣使周游诣阙，先到冯异营，游为仇家所杀。帝遣鞬尉铫期持珍宝缯帛赐嚣，期至郑被盗，亡失财物。帝常称嚣长者，务欲招之，闻而叹曰："吾与隗嚣事欲不谐，使来见杀，得赐道亡。"

摘自：《后汉书》卷十三《隗嚣公孙述列传》第三，第526页。

编号 HH005

（寇）恂经明行修，名重朝廷，所得秩奉，厚施朋友、故人及从吏士。常曰："吾因士大夫以致此，其可独享之乎！"时人归其长者，以为有宰相器。

摘自：《后汉书》卷十六《邓寇列传》第六，第626页。

编号 HH006

会王郎起，北州扰惑。（吴）汉素闻光武长者，独欲归心。乃说太守彭宠曰："渔阳、上谷突骑，天下所闻也。君何不合二郡精锐，附刘公击邯郸，此一时之功也。"

摘自：《后汉书》卷十八《吴盖陈臧列传》第八，第676页。

编号 HH007

任光字伯卿，南阳宛人也。少忠厚，为乡里所爱。初为乡啬夫，郡县吏。汉兵至宛，军人见光冠服鲜明，令解衣，将杀而夺之。会光禄勋刘赐适至，视光容貌长者，乃救全之。光因率党与从赐，为安集掾，拜偏将军，与世祖破王寻、王邑。

摘自：《后汉书》卷二十一《任李万邳刘耿列传》第十一，第 751 页。

编号 HH008

初，（马）援在陇西上书，言宜如旧铸五铢钱。事下三府，三府奏以为未可许，事遂寝。及援还，从公府求得前奏，难十余条，乃随牒解释，更具表言。帝从之，天下赖其便。援自还京师，数被进见。为人明须发，眉目如画。闲于进对，尤善述前世行事。每言及三辅长者，下至闾里少年，皆可观听。自皇太子、诸王侍闻者，莫不属耳忘倦。又善兵策，帝常言"伏波论兵，与我意合"，每有所谋，未尝不用。

摘自：《后汉书》卷二十四《马援列传》第十四，第 837 页。

编号 HH009

帝笑曰："矍铄哉是翁也！"遂遣援率中郎将马武、耿舒、刘匡、孙永等，将十二郡募士及弛刑四万余人征五溪。援夜与送者诀，谓友人谒者杜愔曰："吾受厚恩，年迫余日索，常恐不得死国事。今获所愿，甘心瞑目，但畏长者家儿或在左右，或与从事，殊难得调；介介独恶是耳。"明年春，军至临乡，遇贼攻县，援迎击，破之，斩获二千余人，皆散走入竹林中。

注：长者家儿谓权要子弟等。

摘自：《后汉书》卷二十四《马援列传》第十四，第843页。

编号 HH010

初，援兄子婿王盘子石，王莽从兄平阿侯仁之子也。莽败，盘拥富赀居故国，为人尚气节而爱士好施，有名江淮闲。后游京师，与鞬尉阴兴、大司空朱浮、齐王章共相友善。援谓姊子曹训曰："王氏，废姓也。子石当屏居自守，而反游京师长者，用气自行，多所陵折，其败必也。"后岁余，盘果与司隶校尉苏邺、丁鸿事相连，坐死洛阳狱。而盘子肃复出入北宫及王侯邸第。

注：长者谓豪侠者也。

摘自：《后汉书》卷二十四《马援列传》第十四，第850至851页。

编号 HH011

（马）严字威卿。父余，王莽时为杨州牧。严少孤，而好击剑，习骑射。后乃白援，从平原杨太伯讲学，专心坟典，能通春秋左氏，因览百家群言，遂交结英贤，京师大人咸器异之。仕郡督邮，援常与计议，委以家事。弟敦，字孺卿，亦知名。援卒后，严乃与敦俱归安陵、居钜下，三辅称其义行，号曰"钜下二卿"。

注：大人，长者之称也。

摘自：《后汉书》卷二十四《马援列传》第十四，第 858 至 859 页。

编号 HH012

初辟丞相府史，事孔光，光称为长者。时尝出行，有人认其马。茂问曰："子亡马几何时？"对曰："月余日矣。"茂有马数年，心知其谬，嘿解与之，挽车而去，顾曰："若非公马，幸至丞相府归我。"他日，马主别得亡者，乃诣府送马，叩头谢之。茂性不好争如此。

摘自：《后汉书》卷二十五《卓鲁魏刘列传》第十五，第 869 页。

编号 HH013

刘宽字文饶，弘农华阴人也。父崎，顺帝时为司徒。宽尝行，有人失牛者，乃就宽车中认之。宽无所言，下驾步归。有顷，认者得牛而送还，叩头谢曰："惭负长者，随所刑罪。"宽曰："物有相类，事容脱误，幸劳见归，何为谢之？"州里服其不校。

摘自：《后汉书》卷二十五《卓鲁魏刘列传》第十五，第 886 页。

编号 HH014

宽简略嗜酒,不好盥浴,京师以为谚。尝坐客,遣苍头市酒,迂久,大醉而还。客不堪之,骂曰:"畜产。"宽须臾遣人视奴,疑必自杀。顾左右曰:"此人也,骂言畜产,辱孰甚焉!故吾惧其死也。"夫人欲试宽令恚,伺当朝会,装严已讫,使侍婢奉肉羹,翻污朝衣。婢遽收之,宽神色不异,乃徐言曰:"羹烂汝手?"其性度如此。海内称为长者。

摘自:《后汉书》卷二十五《卓鲁魏刘列传》第十五,第888页。

编号 HH015

论曰:中兴以后,居台相总权衡多矣,其能以任职取名者,岂非先远业后小数哉?故惠公造次,急于乡射之礼;君房入朝,先奏宽大之令。夫器博者无近用,道长者其功远,盖志士仁人所为根心者也。君子以之得,固贵矣;以之失,亦得矣。宋弘止繁声,戒淫色,其有关雎之风乎!

摘自:《后汉书》卷二十六《伏侯宋蔡冯赵牟韦列传》第十六,第906页。

编号 HH016

时邓奉反于南阳,憙素与奉善,数遗书切责之,而谗者因言憙与奉合谋,帝以为疑。及奉败,帝得憙书,乃惊曰:"赵憙真长者也。"即征憙,引见,赐鞌马,待诏公车。时江南未宾,道路不通，以憙守简阳侯相。憙不肯受兵，单车驰之简阳。吏民不欲内憙，憙乃告譬，呼城中大人，示以国家威信，其帅即开门面缚自归，由是诸营壁悉降。荆州牧奏憙才任理剧，诏以为平林侯相。攻击群贼，安集已降者，县邑平定。

摘自：《后汉书》卷二十六《伏侯宋蔡冯赵牟韦列传》第十六，第913页。

编号 HH017

建武二年，遂潜逃去，敝衣间行，涉历险阻，求谒更始妻子，奉还节传，因归乡里。太守杜诗请为功曹，（郭）丹荐乡人长者自代而去。诗乃叹曰："昔明王兴化，卿士让位，今功曹推贤，可谓至德。（来力）以丹事编署黄堂，以为后法。"

摘自：《后汉书》卷二十七《宣张二王杜郭吴承郑赵列传》第十七，第914页。

编号 HH018

帝怨衍等不时至，永以立功得赎罪，遂任用之，而衍独见黜。永谓衍曰："昔高祖赏季布之罪，诛丁固之功。今遭明主，亦何忧哉！"衍曰："记有之，人有挑其邻人之妻者，挑其长者，长者詈之，挑其少者，少者报之，后其夫死而取其长者。或谓之曰：'夫非骂尔者邪？'曰：'在人欲其报我，在我欲其骂人也。'夫天命难知，人道易守，守道之臣，何患死亡？"顷之，帝以衍为曲阳令，诛斩剧贼郭胜等，降五千余人，论功当封，以谗毁，故赏不行。

摘自：《后汉书》卷二十八（上）《桓谭冯衍列传》第十八（上），第976至977页。

编号 HH019

帝以二千石长吏多不胜任，时有纤微之过者，必见斥罢，交易纷扰，百姓不宁。六年有日食之异，浮因上疏曰："臣闻日者众阳之所宗，君上之位也。凡居官治民，据郡典县，皆为阳为上，为尊为长。若阳上不明，尊长不足，则干动三光，垂示王者。五典纪国家之政，鸿范别灾异之文，皆宣明天道，以征来事者也。陛下哀愍海内新离祸毒，保育生人，使得苏息。而今牧人之吏，多未称职，小违理实，辄见斥罢，岂不粲然黑白分明哉！然以尧舜之盛，犹加三考，大汉之兴，亦累功效，吏皆积久，养老于官，至名子孙，因为氏姓。当时吏职，何能悉理；论议之徒，岂不喧哗。盖以为天地之功不可仓卒，艰难之业当累日也。而间者守宰数见换易，迎新相代，疲劳道路。寻其视事日浅，未足昭见其职，既加严切，人不自保，各相顾望，无自安之心。有司或因睚眦以骋私怨，苟求长短，求媚上意。二千石及长吏迫于举劾，惧于刺讥，故争饰诈伪，以希虚誉。斯皆群阳骚动，日月失行之应。夫物暴长者必夭折，功卒成者必亟坏，如摧长久之业，而造速成之功，非陛下之福也。天下非一时之用也，海内非一旦之功也。愿陛下游意于经年之外，望化于一世之后。天下幸甚。"帝下其议，群臣多同于浮，自是牧守易代颇简。

摘自：《后汉书》卷三十三《朱冯虞郑周列传》第二十三，第1141至1142页。

编号 HH020

论曰：吴起与田文论功，文不及者三，朱买臣难公孙弘十策，弘不得其一，终之田文相魏，公孙宰汉，诚知宰相自有体也。故曾子曰："君子所贵乎道者三，笾豆之事则有司存。"而光武、明帝躬好吏事，亦以课核三公，其人或失而其礼稍薄，至有诛斥诘辱之累。任职责过，一至于此，追感贾生之论，不亦笃乎！朱浮讥讽苛察欲速之弊，然矣，焉得长者之言哉！

摘自：《后汉书》卷三十三《朱冯虞郑周列传》第二十三，第1146页。

编号 HH021

元嘉元年，帝以冀有援立之功，欲崇殊典，乃大会公卿，共议其礼。于是有司奏冀入朝不趋，剑履上殿，谒赞不名，礼仪比萧何；悉以定陶、（阳）成［阳］余户增封为四县，比邓禹；赏赐金钱、奴婢、彩帛、车马、衣服、甲第，比霍光：以殊元勋。每朝会，与三公绝席。十日一入，平尚书事。宣布天下，为万世法。冀犹以所奏礼薄，意不悦。专擅威柄，凶恣日积，机事大小，莫不谘决之。宫卫近侍，并所亲树，禁省起居，纤微必知。百官迁召，皆先到冀门笺檄谢恩，然后敢诣尚书。下邳人吴树为宛令，之官辞冀，冀宾客布在县界，以情托树。树对曰："小人奸蠹，比屋可诛。明将军以椒房之重，处上将之位，宜崇贤善，以补朝阙。宛为大都，士之渊薮，自侍坐以来，未闻称一长者，而多托非人，诚非敢闻！"冀嘿然不悦。树到县，遂诛杀冀客为人害者数十人，由是深怨之。树后为荆州刺史，临去辞冀，冀为设酒，因鸩之，树出，死车上。又辽东太守侯猛，初拜不谒，冀托以它事，乃（要月）斩之。

摘自：《后汉书》卷三十四《统列传》第二十四，第1183页。

编号 HH022

（郑）众字仲师。年十二，从父受左氏春秋，精力于学，明三统历，作春秋难记条例，兼通易、诗，知名于世。建武中，皇太子及山阳王荆，因虎贲中郎将梁松以缣帛聘请众，欲为通义，引籍出入殿中。众谓松曰："太子储君，无外交之义，汉有旧防，蕃王不宜私通宾客。"遂辞不受。松复风众以"长者意，不可逆"。众曰："犯禁触罪，不如守正而死。"太子及荆闻而奇之，亦不强也。及梁氏事败，宾客多坐之，唯众不染于辞。

摘自：《后汉书》卷三十六《郑范陈贾张列传》第二十六，第1224页。

编号 HH023

赵孝字长平，沛国蕲人也。父普，王莽时为田禾将军，任孝为郎。每告归，常白衣步担。尝从长安还，欲止邮亭。亭长先时闻孝当过，以有长者客，扫洒待之。孝既至，不自名，长不肯内，因问曰："闻田禾将军子当从长安来，何时至乎？"孝曰："寻到矣。"于是遂去。及天下乱，人相食。孝弟礼为饿贼所得，孝闻之，即自缚诣贼，曰："礼久饿羸瘦，不如孝肥饱。"贼大惊，并放之，谓曰："可且归，更持米糒来。"孝求不能得，复往报贼，愿就亨。众异之，遂不害。乡党服其义。州郡辟召，进退必以礼。举孝廉，不应。

注：闻孝高名，故以为长者客也。"洒"与"洒"通，音所买反。

摘自：《后汉书》卷三十九《刘赵淳于江刘周赵列传》第二十，第1298至1299页。

编号 HH024

（第五）伦虽峭直，然常疾俗吏苛刻。及为三公，值帝长者，屡有善政，乃上疏曜称盛美，因以劝成风德，曰："陛下即位，躬天然之德，体晏晏之姿，以宽弘临下，出入四年，前岁诛刺史、二千石贪残者六人。斯皆明圣所鉴，非群下所及……"

摘自：《后汉书》卷四十一《第五钟离宋寒列传》第三十一，第1399至1400页。

编号 HH025

（朱）穆前在冀州，所辟用皆清德长者，多至公卿、州郡。子野，少有名节，仕至河南尹。初，穆父卒，穆与诸儒考依古义，谥曰贞宣先生。及穆卒，蔡邕复与门人共述其体行，谥为文忠先生。

摘自：《后汉书》卷四十三《朱乐何列传》第三十三，第1473页。

编号 HH026

国之所以为国者，以有民也。民之所以为民者，以有谷也。谷之所以丰殖者，以有民功也。功之所以能建者，以日力也。化国之日舒以长，故其民闲暇而力有余；乱国之日促以短，故其民困务而力不足。舒长者，非谓义和安行，乃君明民静而力有余也。促短者，非谓分度损减，乃上暗下乱，力不足也。孔子称"既庶则富之，既富乃教之"。是故礼义生于富足，盗窃起于贫穷；富足生于宽暇，贫穷起于无日。圣人深知，力者民之本，国之基也，故务省徭役，使之爱日。是以尧□义和，钦若昊天，敬授民时。明帝时，公车以反支日不受章奏，帝闻而怪曰："民废农桑，远来诣阙，而复拘以禁忌，岂为政之意乎！"于是遂蠲其制。（令）〔今〕冤民仰希申诉，而令长以神自畜，百姓废农桑而趋府廷者，相续道路，非朝餔不得通，非意气不得见。或连日累月，更相瞻视；或转请邻里，馈粮应对。岁功既亏，天下岂无受其饥者乎？（爱日篇·王符）

摘自：《后汉书》卷四十九《王充王符仲长统列传》第三十九，第1639至1640页。

编号 HH027

……又政之为理者，取一切而已，非能斟酌贤愚之分，以开盛衰之数也。日不如古，弥以远甚，岂不然邪？汉兴以来，相与同为编户齐民，而以财力相君长者，世无数焉。而清洁之士，徒自苦于茨棘之间，无所益损于风俗也。豪人之室，连栋数百，膏田满野，奴婢千髃，徒附万计。（理乱篇·仲长统）

摘自：《后汉书》卷四十九《王充王符仲长统列传》第三十九，第1648页。

编号 HH028

大将军邓骘闻其贤而辟之，举茂才，四迁荆州刺史、东莱太守。当之郡，道经昌邑，故所举荆州茂才王密为昌邑令，谒见，至夜怀金十斤以遗震。震曰："故人知君，君不知故人，何也？"密曰："暮夜无知者。"震曰："天知，神知，我知，子知。何谓无知！"密愧而出。后转涿郡太守。性公廉，不受私谒。子孙常蔬食步行，故旧长者或欲令为开产业，震不肯，曰："使后世称为清白吏子孙，以此遗之，不亦厚乎！"

摘自：《后汉书》卷五十四《杨震列传》第四十四，第1760页。

编号 HH029

论曰：传称吴子夷昧，甚德而度，有吴国者，必其子孙。章帝长者，事从敦厚，继祀汉室，咸其苗裔，古人之言信哉！

摘自：《后汉书》卷五十五《章帝八王传》第四十五，第1811页。

编号 HH030

（王龚）永和元年，拜太尉。在位恭慎，自非公事，不通州郡书记。其所辟命，皆海内长者。龚深疾宦官专权，志在匡正，乃上书极言其状，请加放斥。诸黄门恐惧，各使宾客诬奏龚罪，顺帝命亟自实。

摘自：《后汉书》卷五十六《张王种陈列传》第四十六，第1820页。

编号 HH031

论曰：张皓、王龚，称为（雅）[推]士，若其好通汲善，明发升荐，仁人之情也。夫士进则世收其器，贤用即人献其能。能献既已厚其功，器收亦理兼天下。其利甚博，而人莫之先，岂同折枝于长者，以不为为难乎？昔柳下惠见抑于臧文，淳于长受称于方进。然则立德者以幽陋好遗，显登者以贵涂易引。故晨门有抱关之夫，柱下无朱文之殄也。

摘自：《后汉书》卷五十六《张王种陈列传》第四十六，第1821至1822页。

编号 HH032

（延笃）桓帝以博士征，拜议郎，与朱穆、边韶共著作东观。

稍迁侍中。帝数问政事，笃诡辞密对，动依典义。迁左冯翊，又徙京兆尹。其政用宽仁，忧恤民黎，擢用长者，与参政事，郡中欢爱，三辅咨嗟焉。先是陈留边凤为京兆尹，亦有能名，郡人为之语曰："前有赵张三王，后有边延二君。"

摘自：《后汉书》卷六十四《吴延史卢赵列传》第五十四，第2103至2104页。

编号 HH033

（段颎）四年冬，上郡沉氐、陇西牢姐、乌吾诸种羌共寇并凉二州，颎将湟中义从讨之。凉州刺史郭闳贪共其功，稽固颎军，使不得进。义从役久，恋乡旧，皆悉反叛。郭闳归罪于颎，颎坐征下狱，输作左校。羌遂陆梁，覆没营坞，转相招结，唐突诸郡，于是吏人守阙讼颎以千数。朝廷知颎为郭闳所诬，诏问其状。颎但谢罪，不敢言枉，京师称为长者。起丁徒中，复拜议郎，迁并州刺史。

摘自：《后汉书》卷六十五《皇甫张段列传》第五十五，第2147页。

编号 HH034

魏朗字少英，会稽上虞人也。少为县吏。兄为乡人所杀，朗白日操刀报仇于县中，遂亡命到陈国。从博士郤仲信学春秋图纬，又诣太学受五经，京师长者李膺之徒争从之。

摘自：《后汉书》卷六十七《党锢列传》第五十七，第2200

至 2201 页。

编号 HH035

（许）劭尝到颍川，多长者之游，唯不候陈寔。又陈蕃丧妻还葬，乡人（必）[毕]至，而劭独不往。或问其故，劭曰："太丘道广，广则难周；仲举性峻，峻则少通。故不造也。"其多所裁量若此。

摘自：《后汉书》卷六十八《郭符许列传》第五十八，第2234 页。

编号 HH036

（郑太）公业恐其众多益横，凶强难制，独曰："夫政在德，不在众也。"卓不悦，曰："如卿此言，兵为无用邪？"公业惧，乃诡词更对曰："非谓无用，以为山东不足加大兵耳。如有不信，试为明公略陈其要。今山东合谋，州郡连结，人庶相动，非不强盛。然光武以来，中国无警，百姓优逸，忘战日久。仲尼有言：'不教人战，是谓弃之。'其众虽多，不能为害。一也。明公出自西州，少为国将，闲习军事，数践战场，名振当世，人怀慑服。二也。袁本初公卿子弟，生处京师。张孟卓东平长者，坐不窥堂。孔公绪清谈高论，嘘枯吹生。并无军旅之才，执锐之干，临锋决敌，非公之俦。三也。"

摘自：《后汉书》卷七十《郑孔荀列传》第六十，第2258 页。

编号 HH037

初，诏令公孙瓒讨乌桓，受虞节度。瓒但务会徒众以自强大，而纵任部曲，颇侵扰百姓，而虞为政仁爱，念利民物，由是与瓒渐不相平。二年，冀州刺史韩馥、渤海太守袁绍及山东诸将议，以朝廷幼冲，逼于董卓，远隔关塞，不知存否，以虞宗室长者，欲立为主。乃遣故乐浪太守张岐等赍议，上虞尊号。

摘自：《后汉书》卷七十三《刘虞公孙瓒陶谦列传》第六十三，第 2355 页。

编号 HH038

赞曰：绍姿弘雅，表亦长者。称雄河外，擅强南夏。鱼俪汉舳，云屯冀马。窥图讯鼎，禋天类社。既云天工，亦资人亮。矜强少成，坐谈奚望。回皇冢嬖，身颓业丧。

摘自：《后汉书》卷七十四（下）《袁绍刘表列传》第六十四（下），第 2425 页。

编号 HH039

故能内外匪懈，百姓宽息。自临宰邦邑者，竞能其官。若杜诗守南阳，号为"杜母"，任延、锡光移变边俗，斯其绩用之最章者也。又第五伦、宋均之徒，亦足有可称谈。然建武、永平之间，吏事刻深，亟以谣言单辞，转易守长。故朱浮数上谏书，箴切峻政，钟离意等亦规讽殷勤，以长者为言，而不能得也。

摘自：《后汉书》卷七十六《循吏列传》第六十六，第

2457 页。

编号 HH040

（刘）宠前后历宰二郡，累登卿相，而（准）[清]约省素，家无货积。尝出京师，欲息亭舍，亭吏止之，曰："整顿洒扫，以待刘公，不可得（也）[止]。"宠无言而去，时人称其长者。以老病卒于家。

摘自：《后汉书》卷七十六《循吏列传》第六十六，第2479 页。

编号 HH041

小黄门段珪家在济阴，与览并立田业，近济北界，仆从宾客侵犯百姓，劫掠行旅。济北相滕延一切收捕，杀数十人，陈尸路衢。览、珪大怨，以事诉帝，延坐多杀无辜，征诣廷尉，免。（滕延）延字伯行，北海人，后为京兆尹，有理名，世称为长者。

摘自：《后汉书》卷七十八《宦者列传》第六十八，第2522至2523 页。

编号 HH042

帝闻而异之。（建武）二十二年，征代杜林为光禄勋。诏问昆曰："前在江陵，反风灭火，后守弘农，虎北度河，行何德政而致是事？"（刘）昆对曰："偶然耳。"左右皆笑其质讷。帝叹曰："此乃长者之言也。"顾命书诸策。乃令入授皇太子及诸王小侯五十余人。二十七年，拜骑都尉。三十年，以老乞骸骨，诏赐洛阳第舍，以千石禄终其身。中元二年卒。

摘自：《后汉书》卷七十九（上）《儒林列传》第六十九（上），第 2550 页。

编号 HH043

中兴，郑众传周官经，后马融作周官传，授郑玄，玄作周官注。玄本习小戴礼，后以古经校之，取其义长者，故为郑氏学。玄又注小戴所传礼记四十九篇，通为三礼焉。

《后汉书》卷七十九（下）《儒林列传》第六十九（下），第 2577 页。

编号 HH044

后太守寇恂举为孝廉，拜尚书侍郎。光武引见，问以遭难之事。（周）嘉对曰："太守被伤，命悬寇手，臣实驽怯，不能死难。"帝曰："此长者也。"诏嘉尚公主，嘉称病笃，不肯当。

稍迁零陵太守，视事七年，卒，零陵颂其遗爱，吏民为立祠焉。

摘自：《后汉书》卷八十一《独行列传》第七十一，第 2676 页。

编号 HH045

（梁鸿）后受业太学，家贫而尚节介，博览无不通，而不为章句。学毕，乃牧豕于上林苑中。曾误遗火延及它舍，鸿乃寻访烧者，问所去失，悉以豕偿之。其主犹以为少。鸿曰："无它财，愿以身居作。"主人许之。因为执勤，不懈朝夕。邻家耆老见鸿非恒人，乃共责让主人，而称鸿长者。于是始敬异焉，悉还其豕。鸿不受而去，归乡里。

摘自：《后汉书》卷八十三《逸民列传》第七十三，第2765至2766页。

编号 HH046

是时四夷朝贺，络绎而至，天子乃命大会劳飨，赐以珍宝。乌桓或愿留宿卫，于是封其渠帅为侯王君长者八十一人，皆居塞内，布于缘边诸郡，令招来种人，给其衣食，遂为汉侦候，助击匈奴、鲜卑。时司徒掾班彪上言："乌桓天性轻黠，好为寇贼，若久放纵而无总领者，必复侵掠居人，但委主降掾史，恐非所能制。臣愚以为宜复置乌桓校尉，诚有益于附集，省国家之边虑。"帝从之。

摘自：《后汉书》卷九十《乌桓鲜卑列传》第八十，第2982页。

编号 HH047

延熹中，京都长者皆着木屐；妇女始嫁，至作漆画五采为系。此服妖也。到九年，党事始发，传黄门北寺，临时惶惑，不能信天任命，多有逃走不就考者，九族拘系，及所过历，长少妇女皆被桎梐，应木屐之象也。

灵帝建宁中，京都长者皆以苇方笥为粧具，下士尽然。时有识者窃言：苇方笥，郡国讞篋也；今珍用之，此天下人皆当有罪讞于理官也。到光和三年癸丑赦令诏书，吏民依党禁锢者赦除之，有不见文，他以模拟疑者讞。于是诸有党郡皆讞廷尉，人名悉入方笥中。

灵帝好胡服、胡帐、胡黩、胡坐、胡饭、胡空侯、胡笛、胡舞，京都贵戚皆竞为之。此服妖也。其后董卓多拥胡兵，填塞街衢，虏掠宫掖，发掘园陵。

摘自：《后汉书》志第十三《五行》一，第 3271 至 3272 页。

《后汉书》的"论"一般是指纪传后面的论，差不多每篇都有一首或一首以上。论中又有序论，也称作序，是在《皇后纪》和杂传的前面。论多是评论历史问题和历史人物，有时也采取讽喻或感慨的形式。赞在每篇纪传后面都有一首，一律用四字一句的韵语写成，或概括史实，或另发新意，多可补论的不足。赞的语言凝练，用意很深。如从《光武帝纪》到《献帝纪》的赞，概括了东汉建立、发展和衰亡等不同阶段的政治大事。把九首赞合起来看，简直就是一篇用韵语写的东汉政治史略。在《胡广传》中，作者写了一个以苟合取容又无可短长的官僚的升迁史，赞曰："胡公庸庸，饰情恭貌。朝章虽理，据正或桡。"透露了作者对这类人物的指责和义愤。

《三国志》长者摘录集

传

编号 SG001

（田）畴得北归，率举宗族他附从数百人，扫地而盟曰："君仇不报，吾不可以立于世！"遂入徐无山中，营深险平敞地而居，躬耕以养父母。百姓归之，数年间至五千余家。畴谓其父老曰："诸君不以畴不肖，远来相就。众成都邑，而莫相统一，恐非久安之道，愿推择其贤长者以为之主。"皆曰："善。"同佥推畴，畴曰："今来在此，非苟安而已，将图大事，复怨雪耻。窃恐未得其志，而轻薄之徒自相侵侮，愉快一时，无深计远虑。畴有愚计，愿与诸君共施之，可乎？"皆曰："可。"畴乃为约束相杀伤、犯盗、诤讼之法，法重者至死，其次抵罪，二十余条。又制为婚姻嫁娶之礼，兴举学校讲授之业，班行其众，众皆便之，至道不拾遗。北边翕然服其威信，乌丸、鲜卑并备遣译使致贡遗，畴悉抚纳，令不为寇。袁绍数遣使招命，又即授将军印，因安辑所统，畴皆拒不当。绍死，其子尚又辟焉，畴终不行。

摘自：《三国志》卷十一《魏书》十一《袁张凉国田王邴管传》。

编号 SG002

华歆字子鱼，平原高唐人也。高唐为齐名都，衣冠无不游行市里。歆为吏，休沐出府，则归家阖门。议论持平，终不毁伤人。同郡陶丘洪亦知名，自以明见过歆。时王芬与豪杰谋废灵帝。语在《武纪》。芬阴呼歆、洪共定计，洪欲行，歆止之曰："夫废立大事，伊、霍之所难。芬性疏而不武，此必无成。而祸将及族。子其无往！"洪从歆言而止。后芬果败，洪乃服，举孝廉，除郎中，病，去官。灵帝崩，何进辅政，征河南郑泰、颍川荀攸及歆等。歆到，为尚书郎。董卓迁天子于长安，歆求出为邟令，病不行，遂从蓝田至南阳。时袁术在穰，留歆。歆说术使进军讨卓，术不能用。歆欲弃去，会天子使太傅马日磾安集关东，日磾辟歆为掾。东至徐州，诏即拜歆豫章太守，以为政清静不烦，吏民感而爱之。孙策略地江东，歆知策善用兵，乃幅巾奉迎。策以其长者，待以上宾之礼。后策死。太祖在官渡，表天子征歆。孙权欲不遣，歆谓权曰："将军奉王命，始交好曹公，分义未固，使仆得为将军效心，岂不有益乎？今空留仆，是为养无用之物，非将军之良计也。"权悦，乃遣歆。宾客旧人送之者千余人，赠遗数百金。歆皆无所拒，密各题识，至临去，悉聚诸物，谓诸宾客曰："本无拒诸君之心，而所受遂多。念单车远行，将以怀璧为罪，愿宾客为之计。"众乃各留所赠，而服其德。

摘自：《三国志》卷十三《魏书》十三《钟繇华歆王朗传》。

编号 SG003

梁习字子虞，陈郡柘人也，为郡纲纪。太祖为司空，辟召为漳长，累转乘氏、海西、下邳令，所在有治名。还为西曹令史，迁为属。并土新附，习以别部司马领并州刺史。时承高干荒乱之余，胡狄在界，张雄跋扈，吏民亡叛，入其部落；兵家拥众，作为寇害，更相扇动，往往棋跱。习到官，诱计分谕招纳，皆礼召其豪右，稍稍荐举，使诣幕府；豪右已尽，乃次发诸丁强以为义从；又因大军出征，分请以为勇力。吏兵已去之后，稍移其家，前后送邺凡数万口；其不从命者，兴兵致讨，斩首千数，降附者万计。单于恭顺，名王稽颡，部曲服事供职，同于编户。边境肃清，百姓布野，勤劝农桑，令行禁止。贡达名士，咸显于世，语在《常林传》。太祖嘉之，赐爵关内侯，更拜为真。长者称咏，以为自所闻识，刺史未有及习者。建安十八年，州并属冀州，更拜议郎、西部都督从事，统属冀州，总故部曲。又使于上党取大材供邺宫室。习表置屯田都尉二人，领客六百夫，于道次耕种菽粟，以给人牛之费。后单于入侍，西北无虞，习之绩也。文帝践阼，复置并州，复为刺史，进封申门亭侯，邑百户；政治常为天下最。太和二年，征拜大司农。习在州二十余年，而居处贫穷，无方面珍物，明帝异之，礼赐甚厚。四年，薨，子施嗣。

摘自：《三国志》卷十五《魏书》十五《刘司马梁张温贾传》。

编号 SG004

（李）典好学问，贵儒雅，不与诸将争功。敬贤士大夫，恂恂若不及，军中称其长者。年三十六薨，子祯嗣。文帝践阼，追念合肥之功，增祯邑百户，赐典一子爵关内侯，邑百户；谥典曰愍侯。

摘自：《三国志》卷十八《魏书》十八《二李臧文吕许典二庞阎传》。

编号 SG005

阎温字伯俭，天水西城人也。以凉州别驾守上邽令。马超走奔上邽，郡人任养等举众迎之。温止之，不能禁，乃驰还州。超复围州所治冀城甚急，州乃遣温密出，告急于夏侯渊。贼围数重，温夜从水中潜出。明日，贼见其迹，遣人追遮之，于显亲界得温，执还诣超。超解其缚，谓曰："今成败可见，足下为孤城请救而执于人手，义何所施，若从吾言，反谓城中'东方无救'，此转祸为福之计也。不然，今为戮矣。"温伪许之，超乃载温诣城下。温向城大呼曰："大军不过三日至，勉之！"城中皆泣，称万岁。超怒数之曰："足下不为命计邪？"温不应。时超攻城久不下，故徐诱温，冀其改意。复谓温曰："城中故人，有欲与吾同者不？"温又不应。遂切责之，温曰："夫事君有死贰，而卿乃欲令长者出不义之言，吾岂苟生者乎？"超遂杀之。

摘自：《三国志》卷十八《魏书》十八《二李臧文吕许典二庞阎传》。

编号 SG006

胡质字文德，楚国寿春人也。少与将济、未绩俱知名于江、淮间，仕州郡。蒋济为别驾，使见太祖。

太祖问曰："胡通达，长者也，宁有子孙不？"济曰："有子曰质，规模大略不及于父，至于精良综事过之。"太祖即召质为顿丘令。县民郭政通于从妹，杀其夫程他，郡吏马谅系狱为证。政与妹皆耐掠隐抵，谅不胜痛，自诬，当反其罪。质至官，察其情色，更详其事，检验具服。

摘自：《三国志》卷二十七《魏书》二十七《徐胡二王传》。

编号 SG007

评曰：张昭受遗辅佐，功勋克举，忠謇方直，动不为己。而以严见惮，以高见外，既不处宰相，又不登师保，从容间巷，养老而已，以此明权之不及策也。顾雍依杖素业，而将之智局，故能究极荣位。诸葛瑾、步骘并以德度规检见器当世，张承，顾邵虚心长者，好尚人物，周昭之论，称之甚美，故详录焉。谭献纳在公，有忠贞之节。休、承修志，咸庶为善。爱恶相攻，流播南裔，哀哉！

摘自：《三国志》卷五十二《吴书》七《张顾诸葛步传》。

编号 SG008

评曰：张纮文理意正，为世令器，孙策待之亚于张昭，诚有以也，严、程、阚生，一时儒林也。至畯辞荣济旧，不亦长者乎！薛综学识规纳，为吴良臣。及莹纂蹈，允有先风，然于暴酷之朝，屡登显列，君子殆诸。

摘自：《三国志》卷五十三《吴书》八《张严程阚薛传》。

编号 SG009

会稽太守淳于式表逊枉取民人，愁扰所在。逊后诣都，言次，称式佳吏。权曰："式白君而君荐之，何也?"逊对曰："式意欲养民，是以白逊。若逊复毁式以乱圣听，不可长也。"权曰："此诚长者之事，顾人不能为耳。"

摘自：《三国志》卷五十八《吴书》十三《陆逊传》。

编号 SG010

评曰：山越好为叛乱，难安易动，是以孙权不遑外御，卑词魏氏。凡此诸臣，皆克宁内难，绥静邦域者也。吕岱清恪在公；周鲂谲略多奇；钟离牧蹈长者之规；全琮有当世之才，贵重于时，然不检奸子，获讥毁名云。

摘自：《三国志》卷六十《吴书》十五《贺全吕周钟离传》。

参考文献

一、典籍

1. ［汉］司马迁:《史记》,中华书局1982年版。
2. ［汉］班固:《汉书》,中华书局1962年版。
3. ［汉］桑弘羊:《盐铁论》,中华书局2010年版。
4. ［晋］陈寿:《三国志》,中华书局1982年版。
5. ［晋］杜预：《春秋经传集解》,上海古籍出版社1997年版。
6. ［南宋］范晔:《后汉书》,中华书局1965年版。
7. ［宋］司马光:《资治通鉴》,中华书局1956年版。

二、专著

1. 侯外庐:《中国古代思想史》,人民出版社1957年版。
2. 徐州师院历史系编:《历代官制兵制科举制表释》,徐州师范学院历史系，1980年。

3. 黄留珠：《秦汉仕进制度》，西北大学出版社1985年版。

4. 钱穆：《中国文化史导论》（修订本），商务印书馆1994年版。

5. 钱穆：《国史大纲》，商务印书馆1996年版。

6. 阎步克：《士大夫政治演生史稿》，北京大学出版社1996年版。

7. 马新：《两汉乡村社会史》，齐鲁书社1997年版。

8. 冯友兰：《中国哲学史》，华东师范大学出版社2000年版。

9. 李学勤：《简帛佚籍与学术史》，江西教育出版社2001年版。

10. 黄留珠：《秦汉历史文化论稿》，三秦出版社2002年版。

11. 陈蔚松：《汉代考选制度》，崇文书局2002年版。

12. 赵沛：《两汉宗族研究》，山东大学出版社2002年版。

13. 李玉福：《秦汉制度史论》，山东大学出版社2002年版。

14. ［美］李普曼（Lippmann, W.）：《公众舆论》，阎克文、江红译，上海人民出版社2002年版。

15. 施治生、徐建新主编：《古代国家的等级制度》，中国社会科学出版社2003年版。

16. 余英时：《中国思想传统的现代诠释》，江苏人民出版社2003年版。

17. 余英时：《中国知识人之史的考察》，广西师范大学出版社2004年版。

18. 刘泽华：《先秦士人与社会》，天津人民出版社 2004 年版。

19. 崔向东：《汉代豪族研究》，崇文书局 2003 年版。

20. 臧知非、沈华：《分职定位：历代职官制度》，长春出版社 2005 年版。

21. 田余庆：《东晋门阀政治》，北京大学出版社 2005 年版。

22. 王子今：《秦汉社会史论考》，商务印书馆 2006 年版。

23. 刘海峰、李兵：《中国科举史》，东方出版中心 2006 年版。

24. 阎步克：《从爵本位到官本位：秦汉官僚品位结构研究》，生活·读书·新知三联书店 2009 年版。

三、期刊论文

1. 罗正坚：《〈史记〉中的同义词语连用》，载《安徽大学学报（哲学社会科学版）》，1994 年第 1 期。

2. 侯海英：《〈史记〉中的长者与其在汉初的地位》，载《陕西师范大学学报（哲学社会科学版）》，1999 年第 1 期。

3. 白华：《汉代儒学官学化的动力及其影响》，载《甘肃社会科学》，2004 年第 2 期。

4. 刘厚琴：《汉代社会保障体制及其特征》，载《开封大学学报》，2004 年第 4 期

5. 黄朴民：《大一统原则规范下的秦汉政治与文化》，载

《学海》，2008年5期。

6. 唐国军：《〈新语〉与汉初丞相长者政治模式的理论设置》，载《广西社会科学》，2009年第9期。

7. 王雪岩：《汉代"三老"的两种制度系统——从先秦秦汉的社会变迁谈起》，载《中国社会经济史研究》，2009年第2期。